今注本二十四史

漢書

漢 班固 撰 唐 顏師古 注

孫曉 主持校注

中國社會科學出版社

五

表【三】

漢書　卷一六

高惠高后文功臣表第四^[1]

[1]【今注】案，本表涉及漢高祖劉邦、惠帝劉盈、高后吕雉、文帝劉恒時的功臣。劉咸炘《漢書知意》認爲，《史記·高祖功臣侯者年表》《惠景閒侯者年表》所列功臣，以皇帝世系爲緯，武帝朝則用年號紀年，而《漢書》中的表全以世次爲緯，是因爲昭宣以後若采用紀元，則使表格過於繁瑣，形成大量空格。高，高祖劉邦。紀見本書卷一。惠，惠帝劉盈。紀見本書卷二。高后，吕雉。紀見本書卷三。文，文帝劉恒。紀見本書卷四。

自古帝王之興，曷嘗不建輔弼之臣所與共成天功者乎！^[1]漢興自秦二世元年之秋，^[2]楚陳之歲，^[3]初以沛公總帥雄俊，^[4]三年然後西滅秦，^[5]立漢王之號，^[6]五年東克項羽，^[7]即皇帝位，八載而天下迺平，始論功而定封。訖十二年，侯者百四十有三人。^[8]時大城名都民人散亡，户口可得而數裁什二三，^[9]是以大侯不過萬家，^[10]小者五六百户。封爵之誓曰：“使黄河如帶，泰山若厲，國以永存，爰及苗裔。”^[11]於是申以丹書之信，重以白馬之盟，^[12]又作十八侯之位次。^[13]高后二年，^[14]復詔丞相陳平盡差列侯之功，^[15]録弟下竟，^[16]臧諸宗廟，副在有司。^[17]始未嘗不欲固根本，而枝葉稍落也。故逮文、景四五世閒，[18]流民既歸，戶口亦息，列侯大者至三四萬戶，小國自倍，[19]富厚如之。[20]子孫驕逸，忘其先祖之艱難，多陷法禁，隕命亡國，或云子孫。[21]訖于孝武後元之年，[22]靡有孑遺，耗矣。[23]罔亦少密焉。[24]故孝宣皇帝愍而錄之，[25]乃開廟藏，覽舊籍，詔令有司求其子孫，咸出庸保之中，[26]並受復除，或加以金帛，[27]用章中興之德。

[1]【顏注】師古曰：天功，天下之功業也。《虞書·舜典》曰“欽哉，惟時亮天功”也。【今注】輔弼之臣：指丞相等大臣。

[2]【今注】秦二世元年之秋：公元前209年秋。本書卷三一《陳勝傳》作“秋七月”。秦二世，即秦始皇少子胡亥。

[3]【顏注】師古曰：謂陳涉自稱楚王時也。【今注】楚陳之歲：陳勝自立爲楚王之時。陳勝於秦二世元年秋七月，與吳廣率戍卒反秦。後攻占陳縣，自立爲王，號“張楚”，故稱“楚陳”。

[4]【今注】沛公：秦二世元年九月，劉邦起兵反秦，攻占沛縣，被推舉爲沛公，即沛縣令。楚國稱縣令爲公。沛，縣名。治所在今江蘇沛縣。

[5]【今注】三年然後西滅秦：秦二世三年八月，劉邦攻破武關，向西入咸陽，滅秦。

[6]【今注】漢王：公元前206年項羽入關，封十八路諸侯，以劉邦爲漢王，領巴、蜀、漢中。

[7]【今注】五年東克項羽：漢五年（前202），劉邦在垓下擊敗項羽。項羽，名籍，字羽。下相（今江蘇宿遷市西南）人。傳見本書卷三一。

[8]【今注】侯者百四十有三人：被封侯的有一百四十三人。陳直《漢書新證》按，十下單數，必加一“有”字，沿用先秦文法。

[9]【顏注】師古曰：裁與纔同，十分之內纔有二三也。

　　[10]【今注】大侯：列侯。

　　[11]【顏注】應劭曰：封爵之誓，國家欲使功臣傳祚無窮也。帶，衣帶也。厲，砥厲石也。河當何時如衣帶，山當何時如厲石，言如帶厲，國猶永存，以及後世之子孫也。【今注】黄河：王念孫《讀書雜志·漢書第二》認爲，“黄”字乃後人所加，以“黄河”對應“泰山”。西漢以前“黄河”祇稱爲“河”，並無“黄”字。此誓指除非出現黄河如衣帶，泰山如同磨刀石這樣的情況，各諸侯國都能繼續存在並傳至後世。《困學紀聞》引《楚漢春秋》所載誓文，高祖封侯，賜丹書鐵券，曰：“使黄河如帶，泰山如礪，漢有宗廟，爾無絶世。”與此不同。

　　[12]【顏注】師古曰：丹書，解在《高紀》。白馬之盟，謂刑白馬歃其血以爲盟也。【今注】丹書之信：以丹砂書寫在鐵券上。本書卷一下《高紀下》載“又與功臣剖符作誓，丹書鐵契，金匱石室，藏之宗廟”。古代以丹書爲告示某種祥瑞的徵兆，而且丹作爲一種顯著鮮明的色彩，可用於傳誦、教人等（參見葛志毅《丹砂在古代社會生活各方面的廣泛應用》，《譚史齋論稿六編》，黑龍江人民出版社2016年版，第131—155頁）。　白馬之盟：見於《史記》卷九《吕太后本紀》：“高帝刑白馬盟曰‘非劉氏而王，天下共擊之’。”《漢興以來諸侯王年表》作“非劉氏而王者，若無功上所不置而侯者，天下共誅之”。也有學者認爲此事並不存在，其故事或出於漢朝建立後（參見劉鳴《“白馬之盟”真僞辨》，載《秦漢研究》第6輯，陝西人民出版社2012年版，第220-228頁）。

　　[13]【顏注】孟康曰：唯作元功蕭、曹等十八人位次耳。高后乃詔作位次下竟。師古曰：謂蕭何、曹參、張敖、周勃、樊噲、酈商、奚涓、夏侯嬰、灌嬰、傅寬、靳歙、王陵、陳武、王吸、薛歐、周昌、丁復、蟲達，從第一至十八也。【今注】案，顧炎武《日知録》卷二六云，自蕭、曹至蟲達爲十八侯，因當時崇尚戰功；而張良、陳平均是居中計謀之臣，故陳平列在第四十七，張良列在第六十二。至班固《十八侯贊》，位次與此不同，但其中有韓信，

不過早已被誅，不當列在功臣之位。故《十八侯贊》所載當爲後人所論定。夏燮《校漢書八表》卷四進一步指出，高祖六年十二月，韓信封淮陰侯，同月封功臣，則封韓信、曹參等在同時。十一年韓信被誅，但高祖並不會預知到韓信謀反而將他從功臣表中去掉。高祖曾欲封張良齊地三萬户，蕭何也不以戰功被封，可見並不存在崇尚戰功的説法。陳平奉吕后旨意排列功臣，而將自己列在四十名以外，張良在六十名以外。本書《高紀》載，高祖六年先封三十餘人，後因見諸將往往相與坐沙中語，爭功，又封，而上文所列十八人中陳武、蟲達受封皆在此事之後。張敖曾廢王爲侯，而列在第三。所以，十八功臣中，高祖所封的衹有蕭、曹二人，其餘則吕后時排序增減。宋人王觀國《學林》卷三《漢高功臣》條則認爲，十八侯的位次，張敖本没有勳勞，而位居第三；張良、陳平佐高祖定天下，而不在十八侯之列。因當時吕后以魯元公主的原因，以張敖爲第三。而張良、陳平均爲漢初重要謀臣，而不在十八侯之列。張良居六十二，陳平居四十七，因當時吕后專制，猜忌大臣，故陳平、張良降其位次，表示不爭功。

［14］【今注】高后二年：公元前 186 年。

［15］【今注】丞相：官名。漢三公之一。輔佐皇帝，掌全國政務。陳平爲丞相在惠帝六年（前 189）。　陳平：傳見本書卷四〇。

［16］【今注】録弟下竟：將高祖、惠帝及高后二年以前的列侯之功按次第全部記録。弟，次第。竟，全部。案，弟，大德本同，蔡琪本、殿本作“第”。

［17］【顔注】師古曰：副，貳也。其列侯功藉（藉，蔡琪本、大德本、殿本作“籍”）已藏於宗廟，副貳之本又在有司。【今注】副在有司：副本藏於相關官署。副，公文書的副本。（參見邢義田《漢代簡牘公文書的正本、副本、草稿和簽署問題》，《“中央研究院”歷史語言研究所集刊》2011 年第 4 期）

［18］【今注】故逮文景四五世閒：自高祖、惠帝、吕后、文帝、景帝五世。景，景帝。紀見本書卷五。

[19]【顏注】師古曰：自倍者，謂舊五百户，今者至千也。曹參初封萬六百户，至後嗣侯宗免時，有户二萬三千，是爲户口蕃息故也。它皆類此（它，蔡琪本同，大德本、殿本作“他”）。

[20]【顏注】師古曰：言其貲財亦稍富厚，各如户口之多也。

[21]【今注】或云子孫：錢大昭《漢書辨疑》卷六云，閩本無“云”字，作“或亡子孫”，當據改。

[22]【今注】孝武：漢武帝劉徹。紀見本書卷六。　後元：武帝年號（前88—前87）。

[23]【顏注】孟康曰：耗音毛。無有毛米在者也。師古曰：孟音是也，而解非也。孑然，獨立貌，言無有獨存者，至於耗盡也。今俗語猶謂無爲耗，音毛（蔡琪本、大德本同，殿本無“孟康曰：耗音毛。無有毛米在者也”“孟音是也，而解非也”兩句）。

[24]【顏注】服虔曰：法周差益密也。

[25]【今注】孝宣皇帝：漢宣帝劉詢。公元前74年至前49年在位。紀見本書卷八。　愍而録之：本書《宣紀》稱，宣帝元康元年（前65），“復高皇帝功臣絳侯周勃等百三十六人家子孫，令奉祭祀，世世勿絶。其毋嗣者，復其次”，即此事。

[26]【顏注】師古曰：庸，賣功庸也；保，可安信也：皆質作者也。【今注】庸保：古代受他人雇傭而做雜役的人。多充當酒保、雜工。

[27]【顏注】師古曰：復，音方目反。

降及孝成，[1]復加卹問，稍益衰微，不絶如綫。[2]善乎，杜業之納説也！[3]曰：昔唐以萬國致時雍之政，[4]虞、夏以之多群后饗共己之治。[5]湯法三聖，殷氏大平。[6]周封八百，重譯來賀。[7]是以内恕之君樂繼絶世，隆名之主安立亡國，[8]至於不及下車，德念深矣。[9]成王察牧野之克，[10]顧群后之勤，知其恩結於民心，功光于

王府也，故追述先父之志，録遺老之策，高其位，大其
寓，[11]愛敬飭盡，命賜備厚。[12]大孝之隆，於是爲至。
至其没也，世主歎其功，無民而不思。所息之樹且猶不
伐，[13]況其廟乎？是以燕、齊之祝與周並傳，[14]子繼弟
及，歷載不墮。[15]豈無刑辟，[16]繇祖之竭力，故支庶賴
焉。[17]迹漢功臣，亦皆割符世爵，[18]受山河之誓，存以
著其號，亡以顯其魂，賞亦不細矣。百餘年間而襲封者
盡，[19]或絶失姓，或乏無主，朽骨孤於墓，[20]苗裔流於
道，生爲愍隸，死爲轉屍。[21]以往況今，甚可悲傷。[22]
聖朝憐閔，詔求其後，四方忻忻，靡不歸心。出入數年
而不省察，恐議者不思大義，設言虛亡，則厚德掩息，
遒柬布章，[23]非所以視化勸後也。[24]三人爲衆，雖難盡
繼，宜從尤功。[25]於是成帝復紹蕭何。[26]哀、平之
世，[27]增脩曹參、周勃之屬，[28]得其宜矣。以綴續前
記，[29]究其本末，并序位次，盡于孝文，以昭元功之侯
籍。[30]

[1]【今注】孝成：漢成帝劉驁，公元前33年至前7年在位。
紀見本書卷一〇。

[2]【顏注】晉灼曰：綫，今線縷字也，音先戰反。

[3]【今注】杜業：文帝時爲太常。本書卷六〇《杜周傳》載
其"數言得失，不事權貴"。事見本書《杜周傳》。

[4]【顏注】師古曰：雍，和也。《堯典》云"黎萌於變時
雍"，故杜業引之也。【今注】唐：陶唐。堯初居陶，後封爲唐侯，
故稱陶唐。　時雍之政：太平之象。

[5]【顏注】師古曰：群后謂諸侯也。恭己，無爲也。孔子

曰：“無爲而治者，其舜也歟！夫何爲哉？共己正南面而已（共，大德本同，蔡琪本、殿本作“恭”）。”“共”讀曰“恭”。【今注】虞：虞舜。上古帝王。姚姓，有虞氏，名重華。相傳由四岳推舉給堯。都於蒲板（今山西永濟縣東南）。在位時除四凶，選禹治水，天下大治。　夏：夏禹。姒氏。因治水有功，舜禪讓於禹。禹傳子啓，啓建立夏朝。　群后：諸侯。后，上古對君主、國君的稱呼。
　共己：同“恭己”。指無爲而治。《論語·衛靈公》載“子曰：‘無爲而治者，其舜也與！夫何爲哉？恭己正南面而已矣。’”案，王念孫《讀書雜志·漢書第二》認爲，“以”下“之”字涉上下文而衍。《漢紀·孝成紀》無“之”字。

　[6]【顏注】師古曰：三聖謂堯、舜、禹三人也。【今注】殷氏：商朝。商朝至盤庚遷都於殷（今河南安陽市西北小屯村）。故稱爲“殷”。

　[7]【顏注】師古曰：重譯謂越裳氏也。【今注】周封八百：《史記》卷四《周本紀》載，武王伐紂時，“諸侯不期而會盟津者八百諸侯”。西周建立後，分封諸侯，故有“周封八百”的説法。
　重譯：多次翻譯。指越裳氏，一般認爲在今越南中部（參見何平《越裳的地望與族屬》，《東南亞》2003年第3期）。始見於《尚書大傳》，“越裳氏以三象重譯，而獻白雉”。吕思勉認爲越裳氏接近閩越地區（《讀史札記》，上海古籍出版社2016年版，第354頁）。也有學者認爲，越裳國在今滹沱河上游的越服山（武夫山）附近，當在河北行唐縣到山西繁峙縣東南之間（參見金岳《越族源流研究之一——論越族的起源、越方和越裳氏》，《文物世界》1997年第3期）。

　[8]【顏注】師古曰：以立亡國之後爲安泰也。【今注】案，此“内恕之君樂繼絶世”二句，指仁厚的名君延續諸侯的世系和爵禄。内恕，寬厚仁慈。絶世，斷絶世系。隆名，盛名。安，安定。《論語·堯曰》云“興滅國，繼絶世”，即封以領地，延續其世系。

　[9]【顏注】張晏曰：謂武王入殷，未及下車，封黄帝之後於

薊，虞舜之後於陳也。

[10]【今注】成王：姬姓，名誦。武王之子。　牧野之克：武王伐紂，聯合八百諸侯，在牧野（今河南淇縣西南）會戰，大敗商軍，滅商，又稱“牧野之戰”。牧野，一作“坶野”。

[11]【顏注】師古曰：寓謂啓土所居也。【今注】案，寓，蔡琪本、大德本同，殿本作“宇”。

[12]【顏注】師古曰：飭，謹也，讀與敕同。【今注】案，王先謙《漢書補注》以爲，“飭盡”與“備厚”對應，亦爲“備”之意。

[13]【顏注】師古曰：謂召伯止於甘棠之下而聽訟，人思其德，不伐其樹，《召南·甘棠》之詩是也。

[14]【今注】燕齊之祝與周並傳：武王滅商之後，封國八百，其中燕（召公奭）、齊（太公望）受封較早，滅亡較晚，其宗祀與周並傳。《漢紀》卷二七《孝成皇帝紀四》作“燕齊之後與周並傳”。祝，蔡琪本、大德本、殿本作“祀”。

[15]【顏注】師古曰：弟代兄位謂之及。墮，毀也，音火規反。

[16]【今注】刑辟：王念孫《讀書雜志·漢書第二》認爲，當作“邪辟（僻）”。指品行不正。《漢紀》卷二七《孝成皇帝紀四》正作“豈無邪辟”。

[17]【顏注】師古曰：言國家非無刑辟，而功臣子孫得不陷罪辜而能長存者，思其先人之力，令有嗣續也（嗣續，蔡琪本、大德本同，殿本作“續嗣”）。繇讀與由同。

[18]【今注】割符：即剖符。古代帝王分封功臣與諸侯，將竹製符節剖分爲二，君臣各執一半，以表守信（參見張俊民《懸泉置出土刻齒簡牘概説》，《簡帛》第7輯，上海古籍出版社2012年版）。

[19]【今注】百餘年間：自漢初至武帝太初年間。

[20]【今注】朽骨孤於墓：尸骨丟棄於墓穴中。孤，棄。

[21]【顏注】應劭曰：死不能葬，故屍流轉在溝壑之中。師

古曰：愍隸者，言爲徒隸，可哀愍之也。【今注】生爲愍隸死爲轉屍：生時爲身份低微的徒隸，死後屍體被丟棄在溝壑中。吳恂《漢書注商》認爲，"愍隸"或當作"泯隸"。

[22]【顏注】師古曰：況，譬也。

[23]【顏注】晉灼曰：許慎云"遴，難行也"。柬，古簡字也。簡，少也。言今難行封，則得繼絕者少，若然，此必布聞彰於天下也。師古曰：遴讀與吝同。【今注】厚德掩息遴柬布章：指功臣的功德被埋沒而消失，難以選擇入功臣表，並公布於天下。遴柬，選擇。王先謙《漢書補注》認爲，"柬"通"簡"，挑選、選擇。

[24]【顏注】師古曰："視"讀與"示"同。【今注】視化：顯示教化。

[25]【顏注】孟康曰：言人三爲衆，雖難盡繼，取其功尤高者一人繼之，於名爲衆矣。服虔曰：尤功，封重者一人也。師古曰：孟説是也。

[26]【今注】蕭何：沛縣人。封酇侯。傳見本書卷三九。案，此事當指漢成帝元延元年（前12），封蕭相國後喜爲酇侯。

[27]【今注】哀平之世：哀帝劉欣，公元前7年至前1年在位。紀見本書卷一一。平帝劉衎，公元前1年至5年在位。紀見本書卷一二。

[28]【今注】曹參：沛縣人。封平陽侯。傳見本書卷三九。周勃：沛縣人。封絳侯。傳見本書卷四〇。

[29]【今注】案，王念孫《讀書雜志·漢書第二》認爲，"以綴"上當有"是"字，依《諸侯王表》《外戚恩澤侯表》例。

[30]【顏注】師古曰：籍謂名録也，《高紀》所云通侯籍也。【今注】案，蔡琪本同，大德本、殿本"籍"後有"云"字。

號諡姓名	平陽懿侯曹參[2]
侯狀戶數	以中涓從起沛,[3] 至霸上,[4] 侯。[5] 以將軍入漢,[6] 以假左丞相定魏、齊,[7] 以右丞相,侯,萬六百戶。[8]
始封[1]	六年十二月甲申封[9]
位次	[10]
子	孝惠六年,[11]靖侯窋嗣,二十九年薨。[12]
孫	孝文後四年,[13]簡侯奇嗣,七年薨。
曾孫	孝景四年,[14]夷侯時嗣,二十三年薨。
玄孫	元光五年,[15]共侯襄嗣,十六年薨。

六世 元鼎三年,[16]侯宗嗣,二十四年,征和二年,[17]坐與中人姦,蘭入宮掖門,[18]入財贖完爲城旦。[19]戶二萬三千。	**十世** 建武二年,[25]侯宏嗣,以本始子舉兵佐軍,紹封。
七世 元康四年,[20]參玄孫之孫杜陵公乘喜詔復家。[21]	**十一世** 侯曠嗣,今見。
八世	
九世 元壽二年五月甲子,[22]侯本始以參玄孫之玄孫杜陵公士紹封,[23]千戶,元始元年益滿二千戶。[24]	

信武肅侯靳歙[26]	
以中涓從起宛朐,[27] 入漢，以騎都尉定三秦,[28] 擊項籍,[29] 別定江漢,[30] 侯，五千三百戶。以將軍攻狶、布。[31]	
十二月甲申封，九年薨。[32]	
十一	
高后六年,[33] 侯亭嗣，二十一年，孝文後三年,[34] 坐事國人過律,[35] 免。[36]	六世 元康四年，歙玄孫之子長安上造安漢詔復家。[37]
孫	
曾孫	
玄孫	

汝陰文侯夏侯嬰[38]	
以令史從降沛,[39]爲大僕,[40]常奉車,[41]竟定天下,及全皇太子、魯元公主,[42]侯,六千九百戶。	
十二月甲申封,[43]三十年薨。	
八[44]	
孝文九年,[45]夷侯竈嗣,[46]七年薨。	**六世** 元康四年,嬰玄孫之子長安大夫信詔復家。[51]
十六年,共侯賜嗣,四十一年薨。[47]	
元光二年,[48]侯頗嗣,十八年,元鼎三年,[49]坐尚公主與父御姦,[50]自殺。	
玄孫	

清河定侯王吸[52]	
以中涓從起豐,[53] 至霸上,爲騎郎將,[54] 入漢,以將軍擊項籍,侯,二千二百户。[55]	
十二月甲申封,二十三年薨。[56]	
十四	
孝文元年,[57] 哀侯彊嗣。[58] 七年薨。	元壽二年八月,[61] 詔賜吸代後爵關内侯,[62] 不言世。[63]
八年,孝侯伉嗣,二十三年薨。[59]	
孝景五年,[60] 哀侯不害嗣,十九年,元光二年薨,亡後。	
元康四年,吸玄孫長安大夫充國詔復家。	

陽陵景侯傅寬[64]	
以舍人從起橫陽,[65] 至霸上, 爲騎將,[66] 入漢, 定三秦, 屬淮陰,[67] 定齊, 爲齊丞相,[68] 侯, 二千六百户。	
十二月甲申封, 十二年薨。	
十 位次曰武忠侯。[69]	
孝惠六年, 頃侯清嗣,[70] 二十二年薨。	六世
孝文十五年,[71] 共侯明嗣,[72] 二十二年薨。[73]	七世 元康四年, 寬玄孫之孫長陵土伍景詔復家。[76]
孝景四年, 侯偃嗣, 三十一年, 元狩元年,[74] 坐與淮南王謀反,[75] 誅。	
玄孫	

廣嚴侯召歐[77]	廣平敬侯薛歐[85]
以中涓從起沛，至霸上，爲連敖，[78]入漢，以騎將定燕、趙，[79]得燕將軍，侯，二千二百户。	以舍人從起豐，至霸上，爲郎，[86]入漢，以將軍擊項籍將鍾離眛，[87]侯，四千五百户。
十二月甲申封，二十三年薨。	十二月甲申封，十四年薨。
二十八[80]	十五
孝文二年，[81]戴侯勝嗣，九年薨。	高后元年，[88]靖侯山嗣，二十六年薨。
十一年，共侯嘉嗣，十二年，[82]孝文後七年薨，[83]亡後。	平棘[89] 孝文後三年，侯澤嗣，[90]孝景中三年，[91]有罪，免。中五年，澤復封，三十三年薨，[92]諡曰節侯。
曾孫	元朔四年，[93]侯穰嗣，三年，元狩元年，坐受淮南賂稱臣，[94]在赦前，免。
元康四年，歐玄孫安陵大夫不識詔復家。[84]	元康四年，歐玄孫長安陵大夫去病詔復家。[95]

博陽嚴侯陳濞^[96]	
以舍人從碭,^[97]以刺客將入漢,^[98]以都尉擊項羽滎陽,^[99]絶甬道,^[100]殺追士卒,侯。^[101]	
十二月甲申封,三十年薨。^[102]	
十九	
孝文帝三年,^[103]侯始嗣,九年,坐謀殺人,會赦,免。	塞^[105] 孝景中五年,^[106]始復封,二年,後元年,^[107]有罪,免。
孫	
元康四年,濞曾孫茂陵公乘壽詔復家。^[104]	

堂邑安侯陳嬰[108]	
以自定東陽爲將，[109] 屬楚項梁，[110] 爲楚柱國。[111] 四歲，項羽死，屬漢，定豫章、浙江都漸定自爲王壯息，[112] 侯，六百户。[113] 復相楚元王十二年。[114]	
十二月甲申封，十八年薨。[115]	
八十六	
高后五年，[116] 共侯禄嗣，十八年薨。[117]	
孝文二年，[118] 侯午嗣，[119] 尚館陶公主，[120] 四十八年薨。	隆慮[124] 孝景中五年，侯融以長公主子侯，[125] 萬五千户，二十九年，坐母薨未除服姦，自殺。[126]
元光六年，[121] 侯季須嗣。十三年，元鼎元年，[122] 坐母公主卒未除服姦，[123] 兄弟争財，當死，自殺。	

	曲逆獻侯陳平[128]
	以故楚都尉，漢王二年初起脩武，[129]爲都尉，以護軍中尉出奇計，[130]定天下，侯，五千户。[131]
	十二月甲申封，二十四年薨。
	四十七
六世 元康四年，嬰玄孫之子霸陵公士尊詔復家。[127]	孝文三年，共侯買嗣，二年薨。
	五年，簡侯恓嗣，二十二年薨。[132]
	孝景五年，侯何嗣，二十三年，[133]元光五年，坐略人妻，棄市。[134]户萬六千。

	留文成侯張良[137]
	以厩將從起下邳,[138]以韓申都下韓,[139]入武關,[140]設策降秦王嬰,[141]解上與項羽隟,請漢中地,[142]常爲計謀,侯,萬戶。[143]
	正月丙午封,十六年薨。
	六十二[144]
六世 元康四年,平玄孫之子長安簪裹莫詔復家。[135]	高后三年,[145]侯不疑嗣,十年,孝文五年,[146]坐與門大夫殺故楚内史,贖爲城旦。[147]
元始二年,[136]詔賜平代後者鳳爵關内侯,不言世。	孫
	曾孫
	玄孫

	射陽侯劉纏[149]
	兵初起，與諸侯共擊秦，爲楚左令尹。[150]漢王與項有隙於鴻門，[151]纏解難，以破羽降漢，侯。
	正月丙午封，九年，孝惠三年薨。[152]嗣子睢有罪，不得代。
六世 元康四年，良玄孫之子陽陵公乘于秋詔復家。[148]	

酇文終侯蕭何[153]	
以客初從入漢，爲丞相，[154]守蜀及關中，[155]給軍食，佐定諸侯，爲法令宗廟，[156]侯，八千戶。	
正月丙午封，九年薨。	
＿，[157]	
孝惠三年，哀侯祿嗣，六年薨，亡後。高后二年，封何夫人祿母同爲侯，孝文元年罷。	筑陽[158] 高后二年，定侯延以何少子封，孝文元年更爲酇，二年薨。[159]
	煬侯遺嗣，一年薨，亡後。

武陽[160] 五年，侯則以何孫遺弟紹封，二十年有罪，免。二萬六千户。	孝景二年,[161] 侯嘉以則弟紹封，二千户，七年卒。
	中二年,[162] 侯勝嗣，二十一年，坐不齋，耐爲隸臣。[163]

鄑 元狩三年，[164]共侯慶以何曾孫紹封，二千四百户，三年薨。	
六年，侯壽成嗣，十年，坐爲太常犧牲瘦，[165]免。	地節四年，[166]安侯建世以何玄孫紹封，十四年薨。

六世 甘露二年,[167]思侯輔嗣。	六世 永始元年七月癸卯,鼇侯喜以何玄孫之子南䋎長紹封,[169]三年薨。[170]
七世 侯獲嗣,永始元年,[168]坐使奴殺人,減死,完爲城旦。	七世 永始四年,[171]質侯尊嗣,五年薨。
	八世 綏和元年,[172]質侯章嗣,元始元年,益封滿二千户,十三年薨。
	九世 王莽居攝元年,[173]侯禹嗣,建國元年更爲蕭鄉侯,[174]莽敗,絶。

絳武侯周勃[175]	
以中涓從起沛，至霸上，侯。定三秦，食邑，爲將軍，入漢，定隴西，[176]擊項籍，守嶢關，[177]定泗水、東海，[178]侯，八千一百户。[179]	
正月丙午封，十三年薨。[180]	
四	
孝文十二年，[181]侯勝之嗣，六年，有罪，免。	脩[182] 後三年，[183]侯亞夫以勃子紹封，[184]十八年，有罪，免。[185]

	舞陽武侯樊噲[192]
	以舍人起沛，從至霸上，爲侯。[193]以郎入漢，[194]定三秦，爲將軍，擊項籍，再益封。從破燕，執韓信，侯，五千户。[195]
	正月丙午封，十三年薨。
	五
平曲[186] 孝景後元年，[187]共侯堅以噲子紹封，十九年薨。	孝惠七年，[196]侯伉嗣，九年，高后八年，[197]坐吕氏誅。[198]
元朔五年，[188]侯建德嗣，十二年，元鼎五年，[189]坐酎金免。[190]	
元康四年，噲曾孫槐里公乘廣漢詔復家。[191]	
元始二年，侯共以噲玄孫紹封，千户。	

孝文元年，荒侯市人以鄶子紹封，二十九年薨。	六世 元始二年，侯章以鄶玄孫之子紹封，千户。
孝景七年，[199]侯它廣嗣，中六年，坐非子免。[200]	
元康四年，鄶曾孫長陵不更勝客詔復家。[201]	
玄孫	

曲周景侯酈商[202]	
以將軍從起歧,[203]攻長社以南,[204]別定漢及蜀,[205]定三秦,擊項籍,侯,四千八百户。[206]	
正月丙午封,二十二年薨。	
六	
孝文元年,侯寄嗣,三十二年,[207]有罪,免。户萬八千。	繆[208] 孝景中三年,靖侯堅紹封。
	元光四年,[209]康侯遂成嗣。
	懷侯世宗嗣。[210]
	元鼎二年,侯終根嗣,二十九年,後二年,[211]祝詛上,[212]腰斬。

	潁陰懿侯灌嬰[213]
	以中涓從起碭，至霸上，爲昌文君，入漢，定三秦，食邑。以將軍屬韓信，[214] 定齊、淮南及八邑，[215] 殺項籍，侯，五千户。
	正月丙午封，二十六年薨。
	九
六世 元康四年，商玄孫之子長安公士共詔復家。	孝文五年，平侯何嗣，二十八年薨。
元始二年，詔賜商代後者猛友爵關内侯。	孝景中三年，侯彊嗣，[216] 十三年，有罪，免。户八千四百户。

	汾陰悼侯周昌[221]
	初起，以職志擊秦，入漢，出關，以内史堅守敖倉，[222] 以御史大夫侯，[223] 比清陽侯。[224]
	正月丙午封，十三年薨。[225]
	十六
	孝惠四年，[226] 哀侯開方嗣，十六年薨。
臨汝[217] 元光二年，侯賢以嬰孫紹封，九年，元朔五年，坐子傷人首匿，[218] 免。千戶。	孝文前五年，[227] 侯意嗣，十年，[228] 坐行賕，[229] 髡爲城旦。[230]
元康四年，嬰曾孫長安官首匿詔復家。[219]	
元壽二年八月，[220] 詔賜嬰代後者誼爵關内侯。	

	梁鄒孝侯武虎[235]
	兵初起，以謁者從擊破秦，[236]入漢，定三秦，出關，以將軍擊定諸侯，比博陽侯，二千八百戶。
	正月丙午封，十一年薨。
	二十
	孝惠五年，[237]侯最嗣，五十八年薨。
安陽[231] 孝景中二年，[232]侯左車以昌孫紹封，八年，建元元年，[233]有罪，免。	元光三年，[238]頃侯嬰齊嗣，二十年薨。[239]
元康四年，昌曾孫沃侯國士伍明詔復家。[234]	元鼎四年，[240]侯山柎嗣，一年，坐酎金免。[241]
	玄孫

	成敬侯董渫[243]
	初起以舍人從擊秦，爲都尉，入漢，定三秦，出關，以將軍定諸侯，比厭次侯，[244]二千八百户。
	正月丙午封，七年薨。
	二十五
六世 元康四年，虎玄孫之子夫夷侯國公乘充竟詔復家。[242]	節氏[245] 孝惠元年，[246]康侯赤嗣，四十四年，有罪，免。户五千六百。孝景中五年，赤復封，八年薨。
	建元四年，[247]共侯罷軍嗣，[248]五年薨。
	元光三年，侯朝嗣，十二年，元狩三年，坐爲濟南太守與城陽王女通，[249]耐爲鬼薪。[250]
	元康四年，渫玄孫平陵公乘詘詔復家。[251]

蓼夷侯孔聚[252]	費侯陳賀[261]
以執盾前元年從起碭,[253]以左司馬入漢,[254]爲將軍,三以都尉擊項籍,屬韓信,侯。[255]	以舍人前元年從起碭,以左司馬入漢,用都尉屬韓信,擊項籍,爲將軍,定會稽、浙江、湖陵,[262]侯。
正月丙午封,三十年薨。	正月丙午封,二十二年薨。
三十	三十一
孝文九年,侯臧嗣,[256]四十五年,元朔三年,[257]坐爲大常衣冠道橋壞不得度,[258]免。[259]	孝文元年,共侯常嗣,二十四年薨。
孫	孝景二年,[263]侯偃嗣,八年,有罪,免。
曾孫	
元康四年,聚玄孫長安公士宣詔復家。[260]	

	陽夏侯陳豨[266]
	以特將將卒五百人前元年從起宛胸,[267]至霸上,爲游擊將軍。[268]別定代,[269]破臧荼,[270]侯。
	正月丙午封,十年,以趙相國反,[271]自爲王,十二年,誅。
巢[264] 孝景中六年,[265]侯最以賀子紹封,二年薨,亡後。	
元康四年,賀曾孫茂陵上造僑詔復家。	

隆慮克侯周竈[272]	敬侯丁復[277]
以卒從起碭，以連敖入漢，以長鈹都尉擊項籍，侯。[273]	以越將從起薛，[278]至霸上，以樓煩將入漢，[279]定三秦，屬周吕侯，[280]破龍且彭城，[281]爲大司馬，[282]破項籍葉，[283]爲將軍，忠臣，侯，七千八百户。
正月丁未封，三十九年薨。	正月戊申封，十九年薨。
三十四	十七
孝文後二年，[274]侯通嗣，十二年，[275]孝景中元年，[276]有罪，完爲城旦。	高后六年，趮侯甯嗣，十二年薨。[284]
孫	孝文十年，[285]侯安城嗣，十五年，孝景二年，有罪，免。户萬七千。
曾孫	元康四年，復曾孫臨沂公士賜詔復家。[286]
元康四年，竈玄孫陽陵公乘詔復家。	

陽信胡侯呂青[287]	
以漢五年用令尹初從,[288] 功比堂邑侯,[289] 千户。	
正月壬子封,十年薨。	
八十七	
孝惠四年,頃侯臣嗣,[290] 十八年薨。[291]	
孝文七年,[292] 懷侯義嗣,二年薨。	六世 十三年,[293] 侯談嗣,三十五年,元鼎五年,坐酎金免。
九年,惠侯它嗣,十九年薨。	
孝景五年,共侯善嗣,五年薨。	元康四年二月,青玄孫長陵大夫陽詔復家。

東武貞侯郭蒙[294]	汁防肅侯雍齒[300]
以戶衛起薛,[295]屬周呂侯,破秦軍杠里,[296]陷楊熊軍曲遇,[297]入漢,爲城將,定三秦,以都尉堅守敖倉,爲將軍破項籍,侯,三千戶。[298]	以趙將前三年從定諸侯,[301]二千五百戶,功比平定侯。[302]齒故沛豪,有力,與上有隙,故晚從。
正月戊午封,十九年薨。	正月戊午,[303]九年薨。
四十一	五十七
高后六年,侯它嗣,三十一年,孝景六年,[299]有罪,棄市。戶萬一百。	孝惠三年,[304]荒侯鉅鹿嗣,[305]三十八年薨。
孫	孝景三年,[306]侯野嗣,十年。[307]
曾孫	終侯桓嗣,不得年,元鼎五年,[308]坐酎金免。
元康四年,蒙玄孫茂陵公士廣漢詔復家。	元康四年,玄孫長安上造章詔復家。[309]

棘蒲剛侯陳武[310]	都昌嚴侯朱軫[317]
以將軍前元年將卒二千五百人起薛,別救東阿,[311]至霸上,二歲十月入漢,[312]擊齊歷下軍臨菑,侯。[313]	以舍人前元年從起沛,以隊帥先降翟王,[318]虜章邯,[319]侯。
三月丙申封,三十八年,[314]孝文後元年薨。[315]子奇反,誅,不代。	三月庚子封,十四年薨。
十三	二十三
子	高后元年,剛侯率嗣,十五年薨。
孫	孝文八年,[320]夷侯詘嗣,十六年薨。
元康四年,武曾孫雲陽上造嘉詔復家。[316]	孝景元年,[321]共侯偃嗣,十六年薨。[322]
	三年,侯辟彊嗣,五年,中元年薨,亡後。

	武疆嚴侯嚴不職[324]
	以舍人從起沛，公霸上，[325]以騎將入漢，還擊項籍，屬丞相甯，[326]功侯。用將軍擊黥布，[327]侯。
	三月庚子封，二十年薨。
	三十三
	高后七年，[328]簡侯嬰嗣，十九年薨。
	孝文後二年，侯青翟嗣，四十七年，元鼎二年，坐爲丞相建御史大夫陽不直，[329]自殺。[330]
	元康四年，不職曾孫長安公乘仁詔復家。
元康四年，軹玄孫昌侯國公士先詔復家。[323]	

甘齊侯合傅胡害[331]	
以越户將從破秦,[332]入漢,定三秦,以都尉擊項籍,侯,六百户,[333]功比臺侯。	
三月庚子封,二年薨。	
三十六	
八年,共侯方山嗣,二十年薨。	元壽二年八月,[335]詔賜胡害爲後者爵大上造。[336]
孝文元年,煬侯赤嗣,十一年薨。	
十二年,康侯遺嗣,四十四年薨。	
元朔五年,侯猜嗣,[334]八年,元鼎元年,坐殺人,棄市。	元康四年,胡害玄孫茂陵公士世詔復家。[337]

海陽齊信侯搖母餘[338]	
以越隊將從破秦,[339] 入漢,定三秦,以都尉擊項籍,侯,千七百户。[340]	
三月庚子封,九月薨。[341]	
三十七	
孝惠二年,[342] 哀侯昭襄嗣,[343] 九年薨。	六世 元康四年,母餘玄孫之子不更未央詔復家。[344]
高后五年,康侯建嗣,三十年薨。	元壽二年八月,詔賜母餘代後者賢爵關内侯。
孝景四年,哀侯省嗣,十年薨,亡後。	
玄孫	

南安嚴侯宣虎[345]	肥如敬侯蔡寅[349]
以河南將軍漢王二年降晉陽,[346]以重將破臧荼,侯,九百户。[347]	以魏大僕漢王三年初從,[350]以車騎將軍破龍且及彭城,[351]侯,千户。
三月庚子封,三十年薨。	三月庚子封,二十四年薨。
六十三	六十六[358]
孝文九年,共侯戎嗣,十一年薨。	孝文三年,嚴侯戎嗣,[353]十四年薨。
後四年,侯千秋嗣,十一年,孝景中元年,坐傷人,免。户二千一百。	後元年,侯奴嗣,七年,孝景元年薨,亡後。
元康四年,虎曾孫南安簪褭護詔復家。[348]	元康四年,寅曾孫肥如大夫福詔復家。

曲成圉侯蟲達[354]	河陽嚴侯陳涓[366]
以西城户將三十七人從起碭,[355]至霸上,爲執金吾,[356]五年,爲二隊將,[357]屬周吕侯,入漢,定三秦,以都尉破項籍陳下,[358]侯,四千户。以將軍擊燕、代。[359]	以卒前元年起碭從,[367]以二隊將入漢,擊項籍,得梁郎將處,[368]侯。以丞相定齊。[369]
三月庚子封,二十二年薨。	三月庚子封,二十二年薨。
十八 位次曰夜侯恒。[360]	二十九
孝文元年,侯捷嗣,[361]八年,有罪免。十四年,[362]捷復封,十八年,復免。户九千三百。孝景中五年,侯捷復封,五年薨。	孝文元年,信嗣,三年,坐不償人責過六月,[370]免。
建元二年,[363]侯皇柔嗣,[364]二十四年,元鼎二年,坐爲汝南太守知民不用赤側錢爲賦,爲鬼薪。[365]	孫
曾孫	曾孫
元康四年,達玄孫茂陵公乘宣詔復家。	元康四年,涓玄孫即丘公士元詔復家。[371]

淮陰侯韓信[372]	芒侯耏跖[379]
初以卒從項梁，梁死，屬項羽爲郎中，[373]至咸陽，[374]亡從入漢，爲連敖票客。[375]蕭何言信爲大將軍，[376]別定魏、趙，[377]爲齊王，徙楚，擅發兵，廢爲侯。[378]	以門尉前元年初起碭，[380]至霸上，爲定武君，[381]入漢，還定三秦，爲都尉擊項羽，功侯。
六年封，五年，十一年，坐謀反誅。	六年封，三年薨，亡後。
	張[382] 九年，侯昭嗣，四年，有罪，免，孝景三年，昭以故列侯將兵擊楚，[383]復封。
	侯申嗣，元朔六年，[384]坐尚南宮公主不敬，免。[385]

敬市侯閻澤赤[386]		柳丘齊侯戎賜[390]
以執盾初起從入漢，爲河上守，[387]遷爲殷相，[388]擊項籍，侯，千戶，功比平定侯。		以連敖從起薛，以三隊將入漢，[391]定三秦，以都尉破項籍軍，爲將軍，侯，八千戶。[392]
四月癸未封，三年薨。		八月丁亥封，[393]十八年薨。
五十五		三十九
九年，夷侯無害嗣，三十八年薨。	六世 元康四年，澤赤玄孫之子長安上造章世詔復。[389]	高后五年，侯安國嗣，三十年薨。
孝文後四年，戴侯續嗣，八年薨。		孝景四年，敬侯嘉成嗣，七年薨。[394]
孝景五年，侯穀嗣，四十年，元鼎五年，坐酎金免。		後元年，侯角嗣，有罪，免。戶三千。
		元康四年，賜玄孫長安公士元生詔復家。[395]

魏其嚴侯周止[396]	祁穀侯繒賀[399]
以舍人從起沛，以郎中入漢，爲周信侯，定三秦，以爲騎郎將，破項籍東城，[397]侯，千户。	以執盾漢王三年初起從晉陽，以連敖擊項籍。漢王敗走，賀擊楚迫騎，[400]以故不得進。漢王顧謂賀祁王。[401]戰彭城，斬項籍，[402]爭惡，絕延壁，侯，千四百户。[403]
六月丁亥封，十八年薨。	六月丁亥封，三十三年薨。[404]
三十四[398]	五十一
高后五年，侯簡嗣，二十九年，孝景三年，謀反，誅。户三千。	孝文十二年，頃侯胡嗣，[405]十七年薨。
孫	孝景六年，侯它嗣，十九年，元光三年，[406]坐射擅罷，免。[407]
曾孫	曾孫
元康四年，止玄孫長陵不更廣世詔復家。	元康四年，賀玄孫茂陵公大夫賜詔復家。[408]

平悼侯工師喜^[409]	魯侯奚涓^[416]
初以舍人從擊破秦，以郎中入漢，以將軍定諸侯，守雒陽，^[410]侯，比費侯賀，千三百户。^[411]	以舍人從起沛，至咸陽爲郎，入漢，以將軍定諸侯，四千八百户，功舞陽侯，^[417]死軍事。
六月丁亥封，六年薨。	重平^[418] 六年，侯涓亡子，封母底爲侯，^[419]十九年薨。
三十二 位次曰聊城侯。^[412]	七^[420]
十二年，靖侯奴嗣，三十一年薨。	
孝文十六年，^[413]侯執嗣，十九年，孝景中五年，坐匿死罪，^[414]會赦，免。户二千三百。^[415]	

城父嚴侯尹恢[421]	
初以謁者從入漢，以將軍擊定諸侯，以右丞相備守淮陽，[422]功比厭次侯，頃侯諸莊二千户。[423]	
六年封，九年薨。	
二十六	
孝惠三年，侯開方嗣，七年，高后三年，奪爵爲關内侯。	六世 元康四年，恢玄孫之子新豐簪裏殷詔復家。[424]
孫	
曾孫	
玄孫	

任侯張越[425]	棘丘侯襄[429]
以騎都尉漢五年從起東垣,[426] 擊燕、代,屬雍齒,[427] 有功,[428] 爲車騎將軍。	以執盾隊史前元年從起碭,[430] 破秦,治粟内史入漢,[431] 以上郡守擊定西魏地,[432] 功侯。
六年封,十六年,高后三年,坐匿死罪,免。户七百五十。	六年封,十四年,高后元年,有罪,免。户九百七十。

河陵頃侯郭亭[433]	
以連敖前元年從起單父,[434]以塞路入漢,還定三秦,屬周呂侯,以都尉擊項籍,功侯。[435]	
七月庚寅封,二十四年薨。	
二十七	
孝文三年,惠侯歐嗣,二十一年薨。[436]	
孝景二年,勝侯客嗣,[437]八年,有罪,免。	南[438] 中六年,靖侯延居紹封,十五年薨。
	元光六年,侯則嗣,十七年,元鼎五年,坐酎金免。
	元康四年,亭玄孫茂陵公乘賢詔復家。

昌武靖信侯單究[439]	
初以舍人從，以郎入漢，定三秦，以郎騎將軍擊諸侯，侯，九百戶，[440]功比魏其侯。	
七月庚寅封，十三年薨。	
四十五	
孝惠六年，惠侯如意嗣，四十三年薨。	六世
孝景中元四年，[441]侯賈成嗣，十六年薨。	七世 元康四年，究玄孫之孫陽陵公乘萬年詔復家。
元光五年，侯德嗣，四年，元朔三年，坐傷人二旬內死，[442]棄市。戶六百。	
玄孫	

高宛制侯丙猜[443]	
初以客從入漢，定三秦，以中尉破項籍，[444]侯，千六百五户，比斥丘侯。[445]	
七月戊戌封，七年薨。	
四十一	
孝惠元年，簡侯得嗣，三十年薨。	六世
孝文十六年，平侯武嗣，[446]二十四年薨。	七世 元康四年，猜玄孫之孫高宛大夫齝詔復家。
建元元年，侯信嗣，三年，坐出入屬車間，免。户三千二百。[447]	八世 元始三年，[448]猜玄孫之曾孫内詔賜爵關内侯。

宣曲齊侯丁義[449]	終陵齊侯華毋害[458]
以卒從起留，以騎將入漢，定三秦，破籍軍滎陽，爲郎騎將，破鍾離眛軍固陵，[450]侯，六百七十户。	以越將從起留，入漢，定三秦，擊臧荼，侯，七百四十户。從攻馬邑及布。[459]
七月戊戌封，三十二年薨。[451]	七月戊戌封，三十五年薨。[460]
四十三	四十六
發妻[452] 孝文十一年，[453]侯通，[454]十七年，有罪，赦爲鬼薪。户千一百。孝景中五年，通復封，十一年，[455]有罪，免。[456]	孝文四年，[461]共侯勃嗣，十七年薨。[462]
孫	後四年，[463]侯禄嗣，七年，孝景四年，坐出界，耐爲司寇。[464]户千五百。
元康四年，義曾孫陽安公士年詔復家。[457]	元康四年，曾孫於陵大夫告詔復家。

東茅敬侯劉到[465]	斥丘懿侯唐厲
以舍人從起碭，至霸上，以二隊入漢，定三秦，以都尉擊項籍，破臧荼，侯，捕韓王信，[466]爲將軍。邑益千户。[467]	以舍人初從起封，[471]以左司馬入漢，以亞將攻籍，[472]却敵，爲東部都尉，[473]破籍，侯成武，[474]爲漢中尉，擊布，爲斥丘侯，千户。[475]
八月丙辰封，二十四年薨。	八月丙辰封，二十年薨。[476]
四十八	四十
孝文三年，侯告嗣，十二年，[468]十六年，坐事國人過員，免。[469]	孝文九年，共侯朝嗣，十三年薨。
孫	後六年，[477]侯賢嗣，四十三年薨。
元康四年，到曾孫鉓陽公乘咸詔復家。[470]	元鼎二年，侯尊嗣，二年，坐酎金免。[478]

	臺定侯戴野[479]
	以舍人從起碭，用隊率入漢，以都尉擊籍，籍死，擊臨江，[480]屬將軍賈，[481]功侯。以將軍擊燕、代。
	八月甲子封，二十五年薨。
	三十五
	孝文四年，侯午嗣，二十二年，孝景三年，坐謀反，誅。
	孫
元康四年，屬曾孫長安公士廣意詔復家。	曾孫
	元康四年，野玄孫長陵上造安昌詔復家。

安國武侯王陵[482]	
以自聚黨定南陽,[483] 漢王還擊項籍,以兵屬,從定天下,侯,五千户。[484]	
八月甲子封,二十一年薨。	
十二	
高后八年,哀侯忌嗣,一年薨。	
孝文元年,終侯斿嗣,[485] 三十九年薨。	
建元元年,安侯辟方嗣,二十年薨。	
元狩三年,侯定嗣,八年,元鼎五年,坐酎金免。	元康四年,陵玄孫長安公乘襄詔復家。

樂成節侯丁禮[486]	
以中涓騎從起碭，爲騎將入漢，定三秦，爲正奉侯，[487]以都尉擊籍，屬灌嬰，殺龍且，更爲樂成侯，千户。	
八月甲子封，二十六年薨。	
四十二	
孝文五年，夷侯馬從嗣，十八年薨。	六世
後七年，式侯吾客嗣，四十三年薨。[488]	七世 元康四年，禮玄孫之孫長安公士禹詔復家。
元鼎二年，侯義嗣，三年，坐言五利侯不道，[489]棄市。户二千四百。	
玄孫	

辟陽幽侯審食其[490]	鄘成制侯周緤[496]
以舍人初起，侍呂后、孝惠二歲十月。[491]呂后入楚，[492]食其侍從一歲，[493]侯。	以舍人從起沛，至霸上，入漢，定三秦，食邑池陽，[497]擊項籍滎陽，絕甬道，從度平陰，[498]遇韓信軍襄國，[499]楚、漢分鴻溝，[500]以緤爲信，戰不利，不敢離上，侯，三千二百户，[501]
八月甲子封，二十五年，爲淮南王長所殺。[494]	八月甲子封，二十七年薨。
五十九	二十二[502]
孝文四年，侯平嗣，二十一年，孝景二年，[495]坐謀反，自殺。	侯昌嗣，有罪，免。
元康四年，食其曾孫茂陵公乘非詔復家。	
	長沙[503]

	安平敬侯鄂秋[509]
	以謁者漢王三年初從，定諸侯，有功秋，舉蕭何功，因故侯，二千户。[510]
	八月甲子封，十二年薨。
	六十一
鄠[504] 孝景中元年，康侯應以昌弟紹封，一年薨。[505]	孝惠三年，簡侯嘉嗣，九年薨。
中二年，侯仲居嗣，三十四年，元鼎三年，[506]坐爲大常收赤側錢不收，完爲城旦。[507]	高后八年，頃侯應嗣，十四年薨。
元康四年，緤曾孫長安公士禹詔賜黃金十斤復家，死，亡子，復免。	孝文十四年，煬侯寄嗣，二十五年薨。
沛 元始元年，緤玄孫護以詔書爲次復禹同産弟子，[508]死，亡子，絕。	孝景後三年，[511]侯但嗣，十九年，元狩元年，坐與淮南王安通，[512]遺王書稱臣盡力，棄市。

	北平文侯張蒼[513]
	以客從起武陽,[514] 至霸上,爲常山守,[515] 得陳餘,[516] 爲代相,[517] 徙趙相,[518] 以代相侯,爲計相四歲,淮南相十四歲。千二百户。[519]
	八月丁丑封,五十五年薨。[520]
	六十五
六世 元康四年秋,玄孫之子解大夫后詔復家。	孝景六年,康侯奉嗣,六年薨。[521]
	後元年,侯類嗣,[522] 七年,建元五年,[523] 坐臨諸侯喪後,[524] 免。
	曾孫
	玄孫

	高胡侯陳夫乞[525]	厭次侯爰類[530]
	以卒從起杠里,[526]入漢,以都尉擊籍,將軍定燕千户。	以慎將元年從起留,[531]入漢,以都尉守廣武,[532]功侯。[533]
	六年封,二十五年薨。[527]	六年封,二十二年薨。
	八十二	二十四
六世 元康四年,蒼玄孫之子長安公士蓋宗詔復家。	孝文五年,[528]煬侯程嗣,[529]薨,亡後。	孝文元年,侯嗣,五年,謀反,誅。
		孫
		曾孫
	元康四年,夫乞玄孫長陵公乘勝之詔復家。	玄孫

	平皋煬侯劉它[535]
	漢六年以碭郡長初從,[536]功比軑侯,[537]侯,五百八十户。[538]實項氏,賜姓。[539]
	七年十月癸亥封,十年薨。
	百二十一
六世 元康四年,類玄孫之子陽陵公士世詔復家。	孝惠五年,共侯遠嗣,二十四年薨。[540]
七世 元始三年,[534]類玄孫之孫萬詔賜爵關内侯。	孝景元年,節侯光嗣,十六年薨。
	建元元年,侯勝嗣,二十八年,元鼎五年,坐酎金免。
	玄孫

	復陽剛侯陳胥[542]
	以卒從起薛，以將軍入漢，以右司馬擊項籍，侯，千户。
	七年十月甲子封，三十一年薨。
	四十九
六世	孝文十一年，共侯嘉嗣，十八年薨。
七世 元康四年，它玄孫之孫長安簪裹勝之詔復家。[541]	孝景六年，康侯拾嗣，二十三年薨。[543]
	元朔元年，[544]侯彊嗣，[545]七年，元狩二年，[546]坐父拾非嘉子，免。[547]

	陽河齊侯其石[550]	
	以中謁者從入漢,[551] 以郎中騎從定諸侯,侯,五百戶,功比高湖侯。[552]	
	十一月甲子封,[553] 三年薨。	
	八十三	
六世 元始元年,[548] 胥玄孫之子傳詔賜帛百疋。	十年,侯安國嗣,五十一年薨。	六世 元康四年,石玄孫之子長安官大夫益壽詔復家。[558]
	孝景中四年,侯午嗣,三十三年薨。	
元康四年,胥曾孫雲陽簪褭幸詔復家。[549]	埤山[554] 元鼎四年,共侯章更封,十三年薨。[555]	
玄孫	元封元年,[556] 侯仁嗣,征和三年,[557] 坐祝詛,要斬。	

柏至靖侯許盎[559]		中水嚴侯呂馬童[564]
以駢鄰從起昌邑,[560] 以說衞入漢,[561] 以中尉擊籍,侯,千户。[562]		以郎騎將漢元年從好時,[565] 以司馬擊龍且,[566] 復共斬項籍,侯,千五百户。
十月戊辰封,十四年,高后元年,有罪,免,三年,復封,六年薨。		正月己酉封,三十年薨。
五十八		百一
孝文元年,簡侯禄嗣,十四年薨。	六世 元康四年,盎玄孫之子長安公士建詔復家。	孝文十年,夷侯瑕嗣,[567]三年薨。
十五年,侯昌嗣,[563]三十二年薨。		十三年,共侯青眉嗣,三十二年薨。
元光二年,侯安如嗣,十三年薨。		建元六年,[568]靖侯德嗣,一年薨。
元狩三年,侯福嗣,五年,元鼎二年,坐爲姦,爲鬼薪。		元光元年,[569]。侯宜城嗣,[570]二十二年,元鼎五年,坐酎金免。

	杜衍嚴侯王翳[571]
	以中郎騎漢王二年從起下邳,[572]屬淮陰侯,從灌嬰共斬項羽,侯,千七百戶。
	正月己酉封,十八年薨。
	百二
六世	高后六年,共侯福嗣,七年薨。
七世 元康四年,馬童玄孫之孫長安公士建明詔復家。	孝文五年,孝侯市臣嗣,七年薨。
	十二年,侯舍嗣,[573]二十四年,有罪,爲鬼薪。戶三千四百。

	赤泉嚴侯楊喜[575]
	以郎中騎漢王二年從起杜,[576]屬淮陰,後從灌嬰共斬項籍,侯,千九百戶。
	正月己酉封,十三年,高后元年,有罪,免,二年,復封,[577]八年薨。[578]
	百三
孝景後元年,侯郢人以翥子紹封,[574]十二年薨。	孝文十二年,定侯敷嗣,[579]十五年薨。
元光四年,侯定國嗣,十三年,元狩五年,有罪,免。	臨汝[580] 孝景四年,侯毋害嗣,六年,坐詐紿人臧六百,免。中五年,毋害復封,十二年,元光二年,有罪,免。
元康四年,翥曾孫長安大夫安樂詔復家。	曾孫
	元康四年,喜玄孫茂陵不更孟嘗詔賜黄金十斤,復家。

	朝陽齊侯華寄[582]	棘陽嚴侯杜得臣[588]
	以舍人從起薛，以連敖入漢，以都尉擊項羽，復攻韓王信，侯，千户。	以卒從起湖陵，入漢，以郎將迎左丞相軍擊項籍，侯，二千户。
	三月壬寅封，[583]十二年薨。[584]	七月丙申封，[589]二十六年薨。
	六十九	八十一
六世 子恢代復。	高后元年，文侯要嗣，二十一年薨。	孝文六年，[590]侯但嗣，四十三年薨。
七世 子譚代。[581]	孝文十四年，[585]侯當嗣，三十九年，元朔二年，[586]坐教人上書枉法，耐爲鬼薪。户五千。	元光四年，懷侯武嗣，七年，元朔五年薨，亡後。
八世 子並代，永始元年，賜帛百疋。	曾孫	
元始二年，求復不得。	元康四年，寄玄孫奉明大夫定國詔復家。[587]	

涅陽嚴侯吕騰[591]		平棘懿侯林摯[594]
以騎士漢三年從出關，以郎中共擊斬項羽，[592]侯，千五百戶，比杜衍侯。		以客從起亢父，[595]斬章邯所置蜀守，[596]用燕相侯，千戶。
七年封，二十五年，孝文五年薨。子成實非子，不得代。		七年封，二十四年薨。[597]
百四		六十四
	六世 元康四年，騰玄孫之子混陽不更忠詔復家。[593]	孝文五年，[598]侯辟彊嗣，有罪，爲鬼薪。
孫		
曾孫		元康四年，摯曾孫項圉大夫常驪詔復家，[599]死，亡子，絕。
玄孫		

深澤齊侯趙將夕[600]	
以趙將漢王三年降,屬淮陰侯,定趙、齊、楚,以擊平城功侯,[601]七百户。	
八年十月癸丑封,十三年,[602]高后元年,有罪,免,二年,復封,二年薨。[603]	
九十八	
孝文後二年,戴侯頭嗣,八年薨。	
孝景三年,侯脩嗣,[604]七年,有罪,祔爲司寇。	臾[605] 中五年,夷胡侯以頭子紹封,[606]二十一年,元朔五年薨,亡後。
曾孫	
元康四年,將夕玄孫平陵上造延世詔復家。	

挈頃侯温疥[607]	歷簡侯程黑[611]
以燕將軍漢王四年從破曹咎軍，[608]爲燕相告燕王荼反，侯。以燕相國定盧綰。[609]千九百户。	以趙衛將軍漢王三年從起盧奴，[612]擊項羽敖倉下，爲將軍攻臧荼有功，封千户。
十月丙辰封，二十五年薨。	十月癸酉封。十四年薨。
九十一	九十二[613]
孝文六年，文侯仁嗣，十七年薨。	高后三年，孝侯氂嗣，[614]二十二年薨。
後七年，侯何嗣，七年，[610]孝景四年薨。	孝文後元年，侯竈嗣，十四年，孝景中元年，有罪。[615]
曾孫	曾孫
元康四年，疥玄孫長安公士福詔復家。	玄孫

	武原靖侯衞肬[617]
	漢七年以梁將軍從初起,[618]擊韓信、陳豨、黥布軍,[619]功侯,二千八百户,比高陵侯。[620]
	十二月丁未封,八年薨。
	九十三
六世 元康四年,黑玄孫之子長安簪褭弘詔復家。	孝惠四年,共侯寄嗣,三十七年薨。
元始五年,[616]詔賜黑代復者安爵關内侯。	孝景三年,侯不害嗣,十二年,[621]後二年,坐葬過律,免。
	曾孫
	元康四年,肬玄孫郭公乘堯詔復家。[622]

稾祖侯陳錯[623]	
高帝七年爲將從擊代陳豨有功,[624] 侯, 六百户。	
十二月丁未封, 七年薨。	
百二十四	
孝惠三年,[625] 懷侯嬰嗣, 十九年薨。	六世 元康四年, 錯玄孫之子茂陵公乘王儒詔復家
孝文七年, 共侯應嗣, 十四年薨。	
後五年,[626] 節侯安嗣, 三十一年薨。[627]	
元狩二年,[628] 侯千秋嗣, 九年, 元鼎五年, 坐酎金免。	

宋子惠侯許瘛[629]	
以漢三年用趙右林將初擊定諸侯,[630] 五百三十六戶,[631]功比歷侯。[632]	
二月丁卯封,[633]四年薨。	
九十九	
十二年,共侯留嗣,[634]二十五年薨。	六世
孝文十年,侯九嗣,二十二年,孝景中二年,坐寄使匈奴買塞外禁物,[635]免。	七世 元康四年,瘛玄孫之孫宋子大夫迺詔復家。
曾孫	
玄孫	

猗氏敬侯陳遫[636]	清簡侯室中同[637]
以舍人從起豐，入漢，以都尉擊項羽，侯，千一百户。	以弩將初起，從入漢，以都尉擊項羽、代，[638]侯，比彭侯，[639]户千。
三月丙戌封，十一年薨。	三月丙戌封，五年薨。
五十 位次曰長陵侯。	七十一
孝惠七年，靖侯支嗣，三十四年薨。	孝惠元年，頃侯聖嗣，二十二年薨。
孝景三年，頃侯羌嗣，一年薨，亡後。	孝文八年，康侯鮒嗣，五十二年薨。
元康四年，遫曾孫猗氏大夫胡詔賜黃金十斤，復家。	元狩三年，共侯古嗣，[640]七年薨。
	元鼎四年，侯生嗣，一年，坐酎金免。

	彊圉侯留肹[642]
	以客吏初起，從入漢，以都尉擊項羽、代，[643]侯，比彭侯，千户。
	三月丙戌封，三年薨。
	七十二
	十一年，戴侯章復嗣，[644]二十九年薨。
	孝文三年，[645]侯復嗣，二年，有罪，免。
	元康四年，肹曾孫長安大夫定詔復家。
元康四年，同玄孫高宛簪褭武詔復家。[641]	

彭簡侯秦同[646]	吳房嚴侯楊武[647]
以卒從起薛，以弩將入漢，以都尉擊項羽、代，侯，千户。	以郎中騎將漢元年從起下邽，[648]擊陽夏，以騎都尉斬項籍，[649]侯，七百户。
三月丙戌封，二十二年薨。	三月辛卯封，三十二年薨。
七十	九十四
孝文三年，戴侯執嗣，二十三年薨。	孝文十三年，[650]侯去疾嗣，二十五年，孝景後三年，[651]有罪，耐爲司寇。
孝景三年，侯武嗣，十一年，後元年，有罪，免。	元康四年，武孫霸陵公乘談詔賜黄金十斤，復家，亡子，絶。
曾孫	
元康四年，同玄孫費公士壽王詔復家。	談兄孫爲次復，亡子，絶。

甯嚴侯魏遫[652]	昌圉侯旅卿[656]
以舍人從碭，入漢，以都尉擊臧荼功侯，千户。	以齊將漢王四年從韓信起無鹽，[657]定齊，擊項羽，又擊韓王信於代，侯，千户。
四月辛卯封，[653]三十五年薨。	六月戊申封，[658]三十四年薨。
七十八	百九
孝文十六年，共侯連嗣，八年薨。[654]	孝文十五年，侯通嗣，十一年，孝景三年，坐謀反，誅。
孝文後元年，[655]侯指嗣，三年，坐出國界，免。	孫
曾孫	曾孫
元康四年，遫玄孫長安公士都詔復家。	元康四年，卿玄孫昌上造光詔賜黃金十斤，復家。

	共嚴侯旅罷師[660]
	以齊將漢王四年從淮陰侯起,[661]擊項籍,又攻韓王信於平城,有功,侯,千二百戶。
	六月壬子封,二十六年薨。
	百一十四[662]
六世 子賜代,死,亡子,[659]絕。有同産子,元始二年求不得。	孝文七年,惠侯黨嗣,八年薨。
	十五年,懷侯高嗣,[663]五年薨,亡子。
	元康四年,罷師曾孫霸陵簪裹信詔復家。[664]

闕氏節侯馮解散[665]	安丘懿侯張說[671]
以代大與漢王三年降，爲鴈門守，[666]以將軍平代反寇，[667]侯，千户。[668]	以卒從起方與。[672]屬魏豹，[673]一歲五月，以執盾入漢，[674]以司馬擊項羽，以將軍定代，侯，二千户。[675]
六月壬子封，四年薨。	七月癸酉封，三十二年薨。
一百	六十七
十二年，共侯它嗣，一年薨，亡後。	孝文十三年，共侯奴嗣，十三年薨。[676]
孝文二年，文侯遺以它遺腹子嗣，十四年薨。	孝景三年，敬侯執嗣，一年薨。[677]
十六年，共侯勝之嗣，十三年薨。[669]	四年，康侯新嗣，三十一年薨。[678]
孝景六年，侯平嗣，三十九年，[670]元鼎五年，坐酎金免。	元狩元年，侯拾嗣，九年，元鼎四年，坐入上林謀盜鹿，[679]搏捭，[680]完爲城旦。[681]

	襄平侯紀通[682]
	父城以將軍從擊破秦,[683]入漢，定三秦，功比平定侯,[684]戰好時，死事，子侯。
	九月丙午封,[685]五十二年薨。
	六十六[686]
六世 元康四年，説玄孫之子陽陵上造舜詔復家。	孝景中三年，康侯相夫嗣，十九年薨。
	元朔元年，侯夷吾嗣，九年,[687]元封元年薨,[688]亡後。[689]
	元康四年，通玄孫長安簪褭萬年詔復家。[690]

龍陽敬侯陳署[691]	平嚴侯張瞻師[693]
以卒從，漢王元年起霸上，以謁者擊項籍，斬曹咎，侯，戶千。	以趙騎將漢王五年從擊諸侯，[694]比吳房侯，[695]千五百戶。
九月己未封，[692]十八年薨。	九年十二月壬寅封，八年薨。
八十四	九十五
高后七年，侯堅嗣，十八年，孝文後元年，有罪，免。	孝惠五年，康侯悍嗣，三十七年薨。[696]
	孝景四年，侯寄嗣。
	侯安國嗣，不得年，元狩元年，[697]爲人所殺。
	玄孫

	陸量侯須無[699]	
	詔以爲列諸侯，[700]自置吏令長，[701]受令長沙王。[702]	
	三月丙戌封，三年薨。[703]	
	百三十七	
六世 元康四年，瞻師玄孫之子敏上造連城詔復家。[698]	十二年，共侯桑嗣，三十四年薨。	
	孝文後三年，康侯慶忌嗣，五年薨。	
	孝景元年，侯冉嗣，四十四年，元鼎五年，坐酎金免。	元康四年，無曾孫酈陽秉鐸聖詔復家。[704]

高景侯周成[705]	離侯鄧弱[711]
父苛，以內史從擊破秦，[706]爲御史大夫，入漢，圍取諸侯，守滎陽，功比辟陽侯，罵項籍死事，子侯。	四月戊寅封。《楚漢春秋》亦闕。[712]成帝時，光禄大夫滑堪《日旁占驗》曰："鄧弱以長沙將兵侯。"[713]
四月戊寅封，三十九年，孝文後五年，[707]謀反，下獄死。	
六十	
子	
繩[708] 孝景中元年，侯應以成孫紹封。	
侯平嗣，元狩四年，[709]坐爲大常不繕園屋，[710]免。	
元康四年，成玄孫長安公大夫賜詔復家。	

義陵侯吳郢[714]	宣平武侯張敖[716]	
以長沙柱國侯，千五百户。	嗣父耳爲趙王，坐相貫高等謀反，[717]廢王爲侯。	
九月丙子封，七年薨。	九年封，十七年薨。	
百三十四	三[718]	
孝惠四年，侯重嗣，[715]十年，高后七年薨，亡後。	高后二年，[719]侯偃爲魯王，孝文元年復爲侯，十五年薨，謚共。	
	六年，[720]哀侯歐嗣，十七年薨。	
	孝景中三年，侯壬嗣，[721]十四年，有罪，免。	睢陵[722] 元光三年，侯廣孫以王弟紹封，十八年薨。[723]
		元鼎二年，侯昌嗣，十二年，太初二年，坐爲大常乏祠，免。[724]

	信都[726] 高后八年四月丁酉，侯佗以魯大后子封，孝文元年，以非正免。 **樂昌**[727] 四月丁亥，侯受以魯大后子封，元年免。
元始二年，侯慶忌以敖玄孫紹封，[725]千户。	元康四年，耳玄孫長陵公乘遂詔復家。

東陽武侯張相如[728]		慎陽侯樂説[732]
高祖六年爲中大夫,[729]以河間守擊陳豨,[730]力戰,功侯,千三百户。		淮陰侯韓信舍人,告信反,侯,二千户。[733]
十一年十二月癸巳封,三十二年薨。		十二月甲寅封,五十一年薨。[734]
百一十八		百三十一
孝文十六年,共侯殷嗣,五年薨。	六世 元康四年,相如玄孫之子茂陵公乘宣詔復家。	孝景中六年,靖侯願嗣,[735]四年薨。
後五年,戴侯安國嗣,六年薨。		建元元年,侯買之嗣,二十二年,元狩五年,[736]坐鑄白金,[737]棄市。
孝景四年,哀侯彊嗣,十三年,[731]建元元年薨。亡後。		曾孫
玄孫		玄孫

	開封愍侯陶舍[738]	
	以右司馬漢王五年初從，以中尉擊燕、代，侯，比共侯，二千戶。	
	十二月丙辰封，一年薨。	
	百一十五	
六世 元康四年，説玄孫之子長安公士通詔復家。	十二年，夷侯青嗣，[739]四十八年薨。	六世
	孝景中三年，[740]節侯偃嗣，十七年薨。	七世 元康四年，舍玄孫之孫長安公士元始詔復家。
	元光五年，侯睢嗣，十八年，元狩五年，[741]坐酎金免。	
	[742]	

禾成孝侯公孫昔[743]	堂陽哀侯孫赤[745]
以卒漢王五年初從，以郎中擊代擊陳豨，侯，千九百户。	以中涓從起沛，以郎入漢，以將軍擊項籍，爲惠侯，坐守榮陽降楚，免，復來，以郎擊籍，爲上黨守擊陳豨，[746]侯，八百户。
正月己未封，二十一年薨。	正月己未封，九年薨。
百一十七	七十七
孝文五年，[744]懷侯漸嗣，九年薨。	高后元年，侯德嗣，四十三年，孝景中六年，有罪，免。
孫	孫
元康四年，昔曾孫霸陵公乘廣意詔復家。	元康四年，赤曾孫霸陵公乘明詔復家。

祝阿孝侯高色[747]

以客從起齧桑，[748]以上隊將入漢，[749]以將軍擊魏大原、井陘，[750]屬淮陰侯，罷度軍破項籍及豨，侯，千八百户。[751]

正月己卯封，二十一年薨。

七十四

孝文五年，侯成嗣，十四年，後三年，坐事國人過律，免。

孫

曾孫

元康四年，色玄孫長陵上造弘詔復家。

長脩平侯杜恬^[752]

以漢王二年用御史初從出關，^[753]以內史擊諸侯，攻項昌，^[754]以廷尉死事，^[755]侯，千九百户。

正月丙戌封，四年薨。

百八
位次曰信平侯。^[756]

孝惠三年，懷侯中嗣，十七年薨。

孝文五年，侯意嗣，^[757]二十七年，有罪，免。

陽平^[758]
孝景中五年，侯相夫紹封，三十七年，元封三年，^[759]坐爲大常與大樂令中可當鄭舞人擅繇，^[760]闌出入關，免。^[761]

江邑侯趙堯[762]	營陵侯劉澤[765]
以漢五年爲御史，用奇計徙御史大夫周昌爲趙相，[763]代昌爲御史大夫，從擊陳豨，功侯，六百户。	漢三年爲郎中擊項羽，以將軍擊陳豨，得王黄，[766]侯。帝從昆弟，萬一千户。[767]
十一月封，[764]高后元年，有罪免。	十一月封，十五年，[768]高后七年，[769]爲琅邪王。[770]
	八十八

土軍式侯宣義[771]	
高祖六年，爲中地守。[772]以廷尉擊陳豨，侯，一千一百戶，就國後爲燕相。[773]	
二月丁亥封，七年薨。	
百二十二 位次曰信成侯。[774]	
孝惠六年，孝侯莫如嗣，三十五年薨。	六世 元康四年，義玄玄孫之子阿武不更寄詔復家。[776]
孝景三年，[775]康侯平嗣，十九年薨。	
建元六年，侯生嗣，八年，元朔二年，坐與人妻姦，免。	
玄孫	

廣阿懿侯任敖[777]	須昌貞侯趙衍[780]
以客從起沛，爲御史，守豐二歲，擊項籍，[778]爲上黨守，陳豨反，堅守，侯，千八百户。後遷爲御史大夫。	以謁者漢王元年初從起漢中。[781]雍軍塞渭上，[782]上計欲還，衍言從它道，[783]道通，後爲河間守，豨反，誅都尉相如，功侯，千四百户。
二月丁亥封，十九年薨。	二月己丑封，[784]三十二年薨。
八十九	百七
孝文三年，夷侯敬嗣，[779]一年薨。	孝文十六年，戴侯福嗣，四年薨。
四年，敬侯但嗣，四十年薨。	後四年，侯不害嗣，八年，孝景五年，有罪，免。
建元五年，侯越人嗣，二十一年，元鼎二年，坐爲大常廟酒酸，免。	曾孫
元康四年，敖玄孫廣阿簪褭定詔復家。	玄孫

	臨轅堅侯戚鰓[786]	
	初從爲郎，以都尉守蘄城，[787]以中尉侯，五百戶。	
	二月乙酉封，六年薨。	
	百一十六	
六世	孝惠五年，夷侯觸龍嗣，三十七年薨。	六世
七世 元康四年，衍玄孫之孫長安籫襃步昌詔復家。[785]	孝景四年，共侯中嗣，[788]十六年薨。	七世 元始二年，鰓玄孫之孫少詔賜爵關內侯。
	建元四年，侯賢嗣，二十五年，元鼎五年，坐酎金免。	
	元康四年，鰓玄孫梁都官大夫常詔復家。[789]	

汲紹侯公上不害[790]	甯陵夷侯吕臣[798]
高祖六年爲大僕，擊代豨有功，侯，千三百户。[791] 爲趙大僕。[792]	以舍人從起留，[799] 以郎入漢，破曹咎成皋，[800] 爲都尉擊豨，功侯，千户。
二月乙酉封，[793] 三年薨。	二月辛亥封，二十七年薨。
百二十三	七十三
孝惠二年，[794] 夷侯武嗣，二十七年薨。[795]	孝文十一年，戴侯謝嗣，[801] 十六年薨。
孝文十四年，康侯通嗣，二十七年薨。	孝景四年，惠侯始嗣，十七年薨。
建元二年，侯廣德嗣，九年，元光五年，坐妻大逆，[796] 棄市。	曾孫
元康四年，不害玄孫安陵五大夫常詔復家。[797]	元康四年，吕臣玄孫南陵公大夫得詔復家。[802]

汾陽嚴侯靳彊[803]	戴敬侯祕彭祖[811]
以郎中騎千人前三年從起櫟陽，[804]擊項羽，以中尉破鍾離眛軍，功侯。	以卒從起沛，以卒開沛城門，爲大公僕，[812]以中厩令擊陳豨，[813]功侯，千一百户。[814]
三月辛亥封，十一年薨。	三月癸酉封，十一年薨。
九十六	百二十六
高后三年，共侯解嗣，三十三年薨。	高后三年，共侯憚嗣，[815]十二年薨。[816]
孝景五年，康侯胡嗣，十二年絶，不得狀。	孝文八年，夷侯安國嗣，三十八年薨。[817]
江鄒[805]元鼎五年，侯石封嗣，九年，[806]大始四年，[807]坐爲大常行幸離宮道橋苦惡，[808]大僕敬聲繫以謁閉，[809]赦免。	元朔五年，安侯軫嗣，[818]十二年薨。
元康四年，强玄孫長安公乘忠詔復家。[810]	元鼎五年，[819]侯蒙嗣，二十五年，後元年，[820]坐祝詛上，大逆，要斬。[821]

	衍簡侯翟盰^[822]
	以漢王二年爲燕令,^[823]以都尉下楚九城,堅守燕,侯,九百户。
	七月己丑封,^[824]十二年薨。
	百三十
六世	高后四年,^[825]祗侯山嗣,一年薨。^[826]
七世 元康四年,彭祖玄孫之孫陽陵大夫政詔復家。	六年,節侯嘉嗣,三十四年薨。^[827]
	建元三年,^[828]侯不疑嗣,十年,元朔元年,坐挾詔書論,耐爲司寇。^[829]
	元康四年,盰玄孫陽陵公乘光詔復家。

平州共侯昭涉掉尾[830]	
漢四年以燕相從擊項籍，還擊臧荼，侯，千户。	
八月甲辰封，十八年薨。[831]	
百一十一[832]	
孝文二年，戴侯種嗣，[833]三年薨。	
五年，懷侯它人嗣，四年薨。	
九年，孝侯馬童嗣，二十九年薨。	
孝景後二年，[834]侯眛嗣，二十四年，元狩五年，坐行馳道中，[835]免。	元康四年，趙尾玄孫涪不更福詔復家。[836]

中牟共侯單右車[837]	
以卒從沛，入漢，以郎擊布，功侯，二千二百户。[838]始高祖微時有急，給高祖馬，故得侯。	
十二年十月乙未封，二十三年薨。	
百二十五	
孝文八年，敬侯繒嗣，五年薨。	六世 元康四年，右車玄孫之子陽陵不更充國詔復家。
十三年，[839]戴侯終根嗣，三十七年薨。	
元光二年，[840]侯舜嗣，十八年，元鼎五年，坐酎金免。	
玄孫	

邧嚴侯黃極忠[841]	
以群盜長爲臨江將，[842] 已而爲漢擊臨江王及諸侯，破布，封千戶。	
十月戊戌封，二十七年薨。	
百十三	
孝文十二年，夷侯榮成嗣，[843] 九年薨。	六世 元康四年，極忠玄孫之子邧公乘調詔復家。
後元五年，[844] 共侯明嗣，三十五年薨。	元始五年，賜極忠代後者敞爵關內侯。
元朔五年，侯遂嗣，八年，元鼎元年，坐掩搏奪公主馬，[845] 髠爲城旦。戶四千。[846]	

博陽節侯周聚[847]	陽羨定侯靈常[853]
以卒從豐，以隊率入漢，[848]擊項籍成皋有功，[849]爲將軍，布反，定吴郡，[850]侯。[851]	以荆令尹漢五年初從，[854]擊鍾離眛及陳公利幾，[855]徙爲漢中大夫，從至陳，取韓信，遷中尉，以擊布，侯，二千户。
十月辛丑封，二十四年薨。	十月壬寅封，十四年薨。
五十三	一百十九[856]
孝文九年，侯遬嗣，十五年，孝景元年，[852]有辠，奪爵一級。	高后七年，共侯賀嗣，八年薨。
孫	孝文七年，哀侯勝嗣，六年薨，亡後。
元康四年，聚曾孫長陵公乘萬年詔復家。	曾孫
	元康四年，常玄孫南和大夫横詔復家。[857]

下相嚴侯泠耳[858]	高陵圉侯王虞人[863]
以客從起沛，入漢，用兵擊破齊田解軍，[859]以楚丞相堅守彭城鉅布軍，[860]功侯，二千户。	以騎司馬漢王元年從起廢丘，[864]以都尉破田橫、龍且，[865]追籍至東城，以將軍擊布，侯，九百户。
十月己酉封，十八年薨。	十二月丁亥封，十年薨。
八十五	九十二
孝文三年，侯順嗣，[861]三十三年，[862]孝景三年，坐謀反，誅。	高后三年，侯弄弓嗣，[866]十八年薨。
孫	孝文十三年，侯行嗣，十二年，[867]孝景三年，謀反，誅。
曾孫	
元康四年，耳玄孫長安公士安詔復家。	

思康侯賁赫[868]	戚圉侯季必[874]
淮南王英布中大夫,[869] 告反,[870] 侯,二千户。[871]	以騎都尉漢二年初起櫟陽,攻破廢丘,因擊項籍,屬韓信,破齊,攻臧荼,爲將軍,擊韓信,侯,千五百户。[875]
十二月癸卯封,二十九年,孝文十四年薨,亡後。[872]	十二月癸卯封,十六年薨。
百三十二	九十
子	孝文元年,賁侯長嗣,三年薨。
孫	四年,躁侯瑕嗣,[876]三十八年薨。
曾孫	建元三年,侯信成嗣,二十年,元狩五年,坐爲大常縱丞相侵神道,[877]爲隸臣。[878]
元康四年,赫玄孫壽春大夫充詔復家。[873]	元康四年,必玄孫長安公士買之詔復家。

穀陽定侯馮谿[879]	
以卒前二年起柘,[880]擊籍,定代,爲將軍,功侯。	
正月乙丑封,二十二年薨。	
百五	
孝文七年,共侯熊嗣,十八年薨。	六世 元康四年,谿玄孫之子穀陽不更司詔復家。[885]
孝景二年,[881]隱侯卯嗣,[882]三年薨。	
五年,懿侯解中嗣,[883]十一年薨。[884]	
建元四年,侯偃嗣。	

嚴敬侯許猜[886]	
以楚將漢二年降,[887]從起臨濟,[888]以郎中擊項羽、陳豨,侯,六百户。	
正月乙丑封,四十年薨。	
百一十二[889]	
孝景二年,侯恢嗣,十六年薨。	**六世** 元康四年,猜玄孫之子平壽公士任壽詔復家。[891]
建元二年,煬侯則嗣,[890]九年薨。	
元光五年,節侯周嗣,三年薨。	
元朔二年,侯廣宗嗣,十五年,元鼎五年,坐酎金免。	

成陽定侯奚意[892]	桃安侯劉襄[896]
以魏郎漢王二年從起陽武,[893]擊項籍,屬魏王豹,豹反,徙屬相國彭越,[894]以大原尉定代,侯,六百户。	以客從,漢王二年起定陶,[897]以大謁者擊布,[898]侯,千户。爲淮南大守。[899]項氏親。[900]
正月乙酉封,二十六年薨。	三月丁巳封,七年,孝惠七年,有罪,免,十年,[901]復封,十六年薨。
百一十	百三十五
孝文十一年,侯信嗣,二十九年,建元元年,有罪,要斬。[895]	孝文十年,懿侯舍嗣,[902]三十年薨。
孫	建元元年,厲侯由嗣,[903]十三年薨。
元康四年,意曾孫陽陵公乘通詔復家。	元朔二年,侯自爲嗣,十五年,元鼎五年,坐酎金免。
	玄孫

	高梁共侯酈疥[904]
	父食其以客從破秦,[905]以列侯入,還定諸侯,常使使約和諸侯,說齊王死事,子侯。
	二月丙寅封,[906]六十三年薨。
	六十六
六世 元康四年,襄玄孫之子長安上造益壽詔復家。	元光三年,侯勃嗣。
	侯平嗣,元狩元年,坐詐衡山王取金,免。[907]
	曾孫
	元康四年,食其玄孫陽陵公乘賜詔復家。

紀信匡侯陳倉[908]	
以中涓從起豐，以騎將入漢，以將軍擊項籍，後攻盧綰，[909]侯，七百戶。	
六月壬辰封，十年薨。	
八十	
高后三年，夷侯開嗣，二十二年薨。[910]	六世 元康四年，蒼玄孫之子長安公士千秋詔復家。[913]
孝文後二年，侯煬嗣，[911]八年，孝景二年，[912]反，誅。	
曾孫	
玄孫	

景嚴侯王竞[914]	張節侯毛釋之[919]
以車司馬漢元年初從起高陵,[915]屬劉賈,[916]以都尉從軍,侯,五百户。	以中涓從起豐,[920]以郎騎入漢,[921]還從擊諸侯,侯,七百户。
六月壬辰封,七年薨。	六月壬辰封,二十六年薨。
百六	七十九
孝惠七年,戴侯真粘嗣,十九年薨。[917]	孝文十一年,侯鹿嗣,[922]二年薨。
孝文十一年,侯嬿嗣,二十二年,孝景十年,有罪,免。[918]	十三年,侯舜嗣,二十三年,[923]孝景中六年,[924]有罪,免。
曾孫	曾孫
元康四年,竞玄孫長安公士昌詔復家。	元康四年,釋之玄孫長安公士景詔復家。

袁棗端侯革朱[925]	僑陵嚴侯朱濞[929]
以越連敖從起薛，別以越將入漢，[926]擊諸侯，以都尉侯，九百户。	以卒從起豐，入漢，以都尉擊項籍、臧荼，侯，二千七百户。[930]
六月壬辰封，七年，孝惠七年薨。嗣子有罪，不得代。	十二月封，十一年薨。
七十五	五十二
孝文二年，康侯式以朱子紹封，[927]二十一年薨。	高后四年，共侯慶嗣，十一年，[931]孝文七年薨，亡後。
孝中二年，[928]侯昌嗣，二年，有罪，免。	
曾孫	元康四年，濞曾孫陽陵公士言詔復家。
元康四年，朱玄孫陽陵大夫奉詔復家。	

鹵嚴侯張平[932]	
以中尉前元年從起單父,[933] 不入關,以擊籍黥布、盧綰,得南陽,[934] 侯,二千七百户。	
十二月封,十二年薨。	
四十八	
高后五年,侯勝嗣,七年,孝文四年,有罪,爲隸臣。	六世 元康四年,平玄孫之子長安公士常詔復家。
曾孫	
玄孫	

右高祖百四十七人。[935]周吕、建成二人在《外戚》，[936]羹頡、合陽、沛、德四人在《王子》，[937]凡百五十三人。[938]

[1]【今注】案，始，蔡琪本、大德本同，殿本作"姓"。

[2]【今注】平陽：縣名。治所在今山西臨汾市西南。　曹參：傳見本書卷三九。

[3]【今注】中涓：秦漢時皇帝親近的侍從，在宫中擔任灑掃清潔，並通書謁出入。

[4]【今注】霸上：地名。在今陝西西安市東。因地處霸水西高原上，故名。又作"灞上""霸頭"。

[5]【今注】侯：封侯。

[6]【今注】將軍：戰國秦漢高級武官名，掌領兵征戰。

[7]【今注】假左丞相：代理左丞相。丞相爲秦漢時輔佐天子的高級官吏。秦朝時分左、右丞相。右丞相高於左丞相。　魏：魏王豹的屬地，在今山西東南部。　齊：齊王田廣的屬地，在今山東中北部。

[8]【顏注】師古曰：中涓，親近之臣，若謁者、舍人之類也。涓，絜也（絜，蔡琪本、大德本同，殿本作"潔"），王居中掃絜也（王，大德本同，蔡琪本、殿本作"主"；絜，大德本同，蔡琪本、殿本作"潔"）。涓工玄反（大德本同，蔡琪本、殿本"工"前有"音"字）。【今注】萬六百户：本書卷三九《蕭何傳》作"萬六百三十户"。

[9]【今注】六年：高祖六年，公元前201年。案，大德本、殿本句末有"十二年薨"四字，底本、蔡琪本無，當據補。

[10]【顏注】孟康曰：曹參位第二而表在首，蕭何位第一而表在十三，表以封前後故也。【今注】案，《漢書考證》齊召南認爲，此表第四層書寫位次，此處當補"二"字。

[11]【今注】孝惠六年：公元前 189 年。

[12]【今注】薨：古代稱諸侯死亡。

[13]【今注】孝文後四年：公元前 160 年。

[14]【今注】孝景四年：公元前 153 年。　案，夷侯時，王先謙《漢書補注》認爲，平陽侯時當是名疇。其他記載或作“時”，或作“壽”，均是因文字殘缺或形近而訛。《史記·高祖功臣侯者年表》司馬貞《索隱》云“夷侯時，音止，又音市”，卷五四《曹相國世家》作“時”。王叔岷《史記斠證》也認爲，時、時並“疇”之誤，疇、壽古通。

[15]【今注】元光五年：公元前 130 年。元光，漢武帝年號（前 134—前 129）。

[16]【今注】元鼎三年：公元前 114 年。元鼎，漢武帝年號（前 116—前 111）。案，元鼎三年，蔡琪本、大德本、殿本均同，《史記·高祖功臣侯者年表》亦作“元鼎三年，今侯宗元年”，中華本作“元鼎二年”，當誤。

[17]【今注】征和二年：公元前 91 年。征和，漢武帝年號（前 92—前 89）。夏燮《校漢書八表》卷四認爲，《史記·高祖功臣侯者年表》所載止於“侯宗”，則自“征和二年”以下之文皆爲後人所加。

[18]【今注】闌入宮掖門：擅自闌入宮殿正門兩旁的邊門。古代稱嬪妃居住的地方爲掖庭。宮掖指宮中。錢大昭《漢書辨疑》引《史記》卷五四《曹相國世家》“宗坐太子死，國除”，本書《五行志上》武帝征和二年（前 91）閏四月，巫蠱事興，曹宗下獄死，與此記載有異。沈欽韓《漢書疏證》據《新書·等齊》：“天子宮門曰司馬，闌入者爲城旦；……殿門，闌入之罪亦俱棄市。”

[19]【今注】贖完：以財物贖買免除損傷身體的刑罰。　城旦：秦漢時一種強制男性罪犯服勞役的刑罰，刑期爲四年，主要有築城或製器物等。《史記·高祖功臣侯者年表》及《曹相國世家》皆作“坐太子死，國除”。

[20]【今注】元康四年：公元前 62 年。元康，漢宣帝年號（前 65—前 62）。

[21]【顏注】孟康曰：諸復家皆世世無所與，得傳同產子。【今注】公乘：秦漢二十等爵的第八等（第二十等爲最高級）。公乘在漢初爲高爵，可以食邑，冠劉氏冠。文帝後，五大夫以上爲高爵，公乘僅可免役。 復家：免除賦役。

[22]【今注】元壽二年：公元前 1 年。元壽，漢哀帝年號（前 2—前 1）。

[23]【今注】公士：秦漢二十等爵的第一等。 紹封：續封。

[24]【今注】元始元年：公元 1 年。元始，漢平帝年號（1—5）。

[25]【今注】建武二年：公元 26 年。建武，東漢光武帝年號（25—57）。

[26]【顏注】師古曰："歙"音"翕"。【今注】信武：封號名。馬孟龍《西漢侯國地理》認爲，秦縣有信武。《史記·高祖功臣侯者年表》司馬貞《索隱》案，《地理志》無信武縣，當是後廢。 靳歙：傳見本書卷四一。靳，大德本同，蔡琪本、殿本作"靳"。

[27]【今注】宛朐：縣名。治所在今山東菏澤市西南。朐，大德本作"同"，蔡琪本、殿本作"朐"。

[28]【今注】騎都尉：武官名。掌勤統領騎兵，並充侍衞。 三秦：秦亡後，項羽封章邯爲雍王（都廢丘，在今陝西興平市東南），司馬欣爲塞王（都櫟陽，在今陝西西安市臨潼區東北），董翳爲翟王（都高奴，在今陝西延安市東北）。三王封地均在秦國故地，故稱三秦。

[29]【今注】項籍：項羽，名籍，字羽。下相（今江蘇宿遷市西南）人。傳見本書卷三一。

[30]【今注】江漢：長江和漢水。指長江與漢水之間及其附近的一些地區。古荆楚之地，在今湖北境內。

[31]【今注】豨布：陳豨、黥布。陳豨，宛朐人。從劉邦起

事，爲游擊將軍。高祖五年（前202），定代，破臧荼。六年，封陽夏侯。十年，以趙相國反叛，自立爲代王。十二年，爲樊噲軍斬於靈丘。案，豨，大德本同，蔡琪本、殿本作"狶"。下同不注。黥布，即英布。傳見本書卷三四。

[32]【今注】案，錢大昭《漢書辨疑》認爲，自高帝六年至高后五年薨，凡十九年，此處脫"十"字。

[33]【今注】高后六年：公元前182年。

[34]【今注】孝文後三年：公元前161年。

[35]【今注】事國人過律：向平民徵發徭役超過法律規定。國人，平民。依照漢律規定，地方諸侯每年役使的官吏以及民衆有一定限額，諸侯王超額使用就會被免爲庶人（參見沈家本《歷代刑法考·律令卷》，商務印書館2017年版，第524頁）。

[36]【顏注】師古曰：事謂役使之也。

[37]【今注】長安：縣名。治所在今陝西西安市西北。　上造：秦漢二十等爵的第二等。

[38]【今注】汝陰：縣名。治所在今安徽阜陽市。　夏侯嬰：傳見本書卷四一。

[39]【今注】令史：佐吏名。秦及漢初縣級行政長官的主要屬員。中央公卿也有令史作爲屬吏。主典文書（參見魯家亮《里耶秦簡所見秦遷陵縣的令史》，《簡牘學研究》第7輯，甘肅人民出版社2018年版；劉曉滿《秦漢令史考》，《南都學壇》2011年第4期）。

[40]【今注】大僕：官名。漢九卿之一。掌皇帝輿馬及馬政。秩中二千石。案，大，蔡琪本、大德本、殿本作"太"。下同不注。

[41]【今注】奉車：爲皇帝駕車。

[42]【今注】皇太子：漢惠帝劉盈。　魯元公主：高祖之女。嫁趙王張敖爲妻。生張偃，後封爲魯元王。案，指漢二年（前205），項羽敗漢軍於彭城，夏侯嬰救孝惠、魯元公主。

[43]【今注】案，十二，蔡琪本、大德本同，殿本作"十

一”。

[44]【今注】案，蔡琪本、殿本同，大德本無“八”字。

[45]【今注】孝文九年：公元前 171 年。

[46]【今注】夷侯竈：楊樹達《漢書窺管》據本書卷四九《鼂錯傳》載，夏侯竈曾薦鼂錯爲賢良。

[47]【今注】案，四十一，殿本同，蔡琪本、大德本作“三十”。

[48]【今注】元光二年：公元前 133 年。案，二，蔡琪本、大德本、殿本作“三”。《史記》作“元光二年，侯頗元年”，當以“二”爲是。

[49]【今注】案，元鼎三年，大德本同，蔡琪本、殿本作“元鼎二年”。

[50]【今注】尚：同“上”。義爲“奉事”，本書卷七二《王吉傳》“漢家列侯尚公主，諸侯則國人承翁主，使男事女，夫詘於婦”。 案，本書卷四一《夏侯嬰傳》作“頗尚平陽公主，坐與父御婢姦，自殺”。此“御”下奪“婢”字。

[51]【今注】大夫：秦漢二十等爵的第五等。

[52]【今注】清河：郡名。治清陽縣（今河北清河縣東南）。案，清河爲郡，《史記》作“清陽”，故此處當改爲“清陽”。 王吸：高祖遣吸出武關，迎太公、吕后。事見本書卷一上《高紀上》。

[53]【今注】豐：縣名。治所在今江蘇豐縣。

[54]【今注】騎郎將：武官名。漢九卿之一光禄勳屬官，掌領騎郎。

[55]【今注】二千二百户：《史記·高祖功臣侯者年表》作“三千一百户”。

[56]【今注】案，二十三，大德本作“三十三”，蔡琪本、殿本作“二十二”。

[57]【今注】孝文元年：公元前 179 年。

[58]【今注】案，疆，殿本同，蔡琪本、大德本作“彊”。

《史記·高祖功臣侯者年表》亦作“彊”。

［59］【顏注】師古曰：伉，音口浪反，又音工郎反。【今注】案，二十三，大德本、蔡琪本、殿本作“二十”。

［60］【今注】孝景五年：公元前 152 年。

［61］【今注】元壽：本書卷一二《平紀》載，平帝元始二年（2），賜故曲周侯酈商等後玄孫酈明友等百一十三人爵關内侯，食邑各有差。故“元壽”當作“元始”。

［62］【今注】關内侯：秦漢二十等爵的第十九等。有封號而居畿内，無封土。

［63］【今注】不言世：不論其世次。錢大昭《漢書辨疑》云，作爲王吸的後人，故云代後。不知其世次，故不言世。

［64］【今注】陽陵：縣名。馬孟龍《西漢侯國地理》云，治所在今河南許昌市西北。文里耶秦簡有陽陵縣（參見晏昌貴《里耶秦簡所見的陽陵與遷陵》，《中國歷史地理論叢》2006 年第 4 輯）

傅寬：傳見本書卷四一。

［65］【今注】舍人：戰國、秦漢時貴族官員的親近侍從。横陽：邑名。治所在今河南商丘市西南。王先謙《漢書補注》認爲是鄉名。

［66］【今注】騎將：武官名。即郎中騎將、騎郎將。領騎郎。秩比千石。

［67］【今注】淮陰：韓信。漢初封楚王，漢九年（前198）貶爲淮陰侯。傳見本書卷三四。

［68］【今注】齊丞相：漢四年（前203），韓信爲齊王，傅寬爲齊丞相。

［69］【顏注】師古曰：漢列侯位次簿有謚號姓名與史所記不同者，表則具載矣。【今注】武忠侯：王先謙《漢書補注》官本作“忠武侯”。馬孟龍《西漢侯國地理》據臨淄封泥有“武忠邑丞”，知武忠在齊地。

［70］【今注】頃侯清：《史記·高祖功臣侯者年表》作“頃侯

靖"。

　　［71］【今注】孝文十五年：公元前 165 年。

　　［72］【今注】共侯明嗣：《史記·高祖功臣侯者年表》"明"作"則"。

　　［73］【今注】案，二十二，大德本、蔡琪本、殿本作"十二"。文帝十五年（前 165）至景帝四年（前 153），合十二年，當據改。

　　［74］【今注】元狩元年：公元前 122 年。元狩，漢武帝年號（前 122—前 117）。

　　［75］【今注】淮南王：劉安。傳見本書卷四四。

　　［76］【今注】長陵：縣名。治所在今陝西咸陽市東北。高祖十二年（前 195）築陵置縣。　土伍：因犯罪被免去官職、奪去爵位。土，蔡琪本、大德本、殿本作"士"，當據改。

　　［77］【顏注】師古曰：召讀曰邵。歐音烏后反。它皆類此。【今注】廣：縣名。即廣縣。治所在今山東青州市西南。　召歐：王先謙《漢書補注》云當作"吕歐"。召、吕因形近而誤。《史記·高祖功臣侯者年表》"侯召歐"作"壯侯召歐"。

　　［78］【今注】連敖：官名。楚官連尹、莫敖合稱。掌接待賓客。一説即司馬。

　　［79］【今注】燕：項羽封臧荼爲燕王，都薊（今北京西南部）。　趙：陳餘立趙歇爲趙王，都襄國（今河北邢臺市西南）。

　　［80］【今注】案，二十八，蔡琪本、殿本同，大德本作"一十八"。

　　［81］【今注】孝文二年：公元前 178 年。

　　［82］【今注】案，十二年，大德本、蔡琪本、殿本作"十三年"。

　　［83］【今注】孝文後七年：公元前 157 年。後，後元（前 163—前 157）。

　　［84］【今注】安陵：縣名。治所在今陝西咸陽市東北。惠帝

七年（前 188）置陵於此，置縣。

[85]【今注】廣平：縣名。治所在今河北雞澤縣東南。　薛歐：事見本書卷一上《高紀上》、卷一九下《百官公卿表下》。

[86]【今注】郎：官名。戰國秦時郎官。掌守衛宮殿，出充車騎侍從，備顧問等。漢代以後有侍郎、郎中等，爲九卿之一郎中令（光禄勳）屬官。郎，《史記·高祖功臣侯者年表》作“郎中”。

[87]【今注】鍾離眜：項羽部將。與韓信交好。項羽死後，歸韓信。高祖六年（前 201），爲韓信所逼，自殺。

[88]【今注】高后元年：公元前 187 年。

[89]【今注】平棘：縣名。治所在今河北趙縣東南。

[90]【今注】澤：薛澤。本書《百官公卿表下》元光四年（前 131）爲丞相。

[91]【今注】孝景中三年：公元前 147 年。

[92]【今注】案，夏燮《校漢書八表》卷四認爲，自漢景帝中五年（前 145）復封平棘侯至武帝元朔三年（前 126）薨，實爲二十年。三十三，蔡琪本、大德本同，殿本作“二十三”。

[93]【今注】元朔四年：公元前 125 年。元朔，漢武帝年號（前 128—前 123）。

[94]【今注】淮南：侯國名。都壽春（今安徽壽縣）。案，漢代規定，大臣不得與諸侯私通，如違反輕則免爵，重則處死。《附益法》規定官員有背棄朝廷法令而阿媚諸侯王，並爲某私家增益財富權勢者，處以重刑。

[95]【今注】案，蔡琪本、大德本、殿本“安”後無“陵”字。

[96]【今注】博陽：縣名。治所在今河南商水縣東南。　嚴：《史記·高祖功臣侯者年表》作“壯”。司馬貞《索隱》據《楚漢春秋》名“瀆”。　陳濞：傳見本書卷九五。

[97]【今注】碭：縣名。治所在今河南永城市東北。

[98]【今注】刺客將：武官名。掌領兵作戰。

[99]【今注】都尉：戰國秦時掌統兵作戰的武官，職位次於

將軍。　滎陽：縣名。治所在今河南滎陽市東北。

[100]【今注】甬道：兩旁有墻或其他障蔽物的馳道或通道。

[101]【顏注】師古曰：楚軍追漢兵者，潃殺其士卒也。

[102]【今注】案，自高帝六年至孝文後二年爲四十年，“三”字誤。

[103]【今注】案，孝文帝三年，蔡琪本、大德本、殿本作“孝文後三年”，當據改。

[104]【今注】茂陵：縣名。治所在今陝西興平市東北。武帝建元二年（前139）在槐里縣（今陝西興平市東南）茂鄉築陵並置縣。

[105]【今注】塞：王國名。項羽封秦降將司馬欣爲塞王。都櫟陽（今陝西西安市臨潼區東北）。

[106]【今注】孝景中五年：公元前145年。

[107]【今注】後元年：景帝後元元年（前143）。後元，公元前143年至前141年。

[108]【今注】堂邑：縣名。治所在今江蘇南京市六合區北。陳嬰：秦末爲東陽家令。陳勝、吳廣起義後，被東陽縣民推爲首領，率衆歸項梁，爲上柱國。後歸項羽。項羽死後，歸漢。

[109]【今注】東陽：縣名。治所在今安徽天長市西北。

[110]【今注】楚：秦末項羽政權。都彭城（今江蘇徐州市）。項梁：事迹詳見本書卷三一《項籍傳》。

[111]【今注】柱國：戰國時楚國官名，分上柱國和柱國。上柱國位次令尹，爲最高級武官，掌統兵征戰。

[112]【今注】豫章：郡名。治南昌（今江西南昌市）。　浙江：郡名。今存秦代璽印有一方“浙江都水”。（參見章宏偉《秦浙江郡考》，《學術月刊》2012年第2期；王偉《秦置郡補考》，《紀念徐中舒先生誕辰110周年國際學術研討會論文集》，巴蜀書社2010年版）　都漸：《史記·高祖功臣侯者年表》作“都折”。折即浙，漸亦浙。　壯息：秦漢時期浙江流域的蠻夷首領。又作“將息”。

[113]【今注】六百户：《史記·高祖功臣侯者年表》作"千八百户"。周聘認爲，其人原爲楚懷王柱國，降漢後有定淅之功，兼楚元王相，當以千八百户爲準。"六百"係"千八百"合抄之誤（參見周聘《〈漢書高惠高后文功臣表〉考釋》，《古籍研究》2001年第 2 期）。

[114]【顏注】師古曰：漸，水名。在丹陽黝縣南蠻中。嬰既定諸地而都之，時又有壯息者，稱僭王，嬰復討平也。【今注】楚元王：高祖劉邦之弟劉交。傳見本書卷三六。

[115]【今注】案，十八，蔡琪本、大德本、殿本作"六"。

[116]【今注】高后五年：公元前 183 年。

[117]【今注】案，高后五年至孝文二年止六年，"十八"當作"六"，蓋與上二格年數相混。

[118]【今注】孝文二年：公元前 178 年。二年，蔡琪本、大德本、殿本作"三年"。

[119]【今注】案，侯午，蔡琪本、殿本同，大德本作"侯五"，《史記·高祖功臣侯者年表》作"夷侯午"。

[120]【今注】館陶公主：文帝之女劉嫖。館陶，縣名。治所在今河北館陶縣。

[121]【今注】元光六年：公元前 129 年。

[122]【今注】元鼎元年：公元前 116 年。

[123]【今注】母公主：即劉嫖。文帝之女，景帝之姊。 除服：脱去喪服。案，本書卷四《文紀》載文帝遺詔"以下，服大紅十五日，小紅十四日，纖七日，釋服"。以下，指已經下葬。大紅、小紅，即大功、小功，爲古代喪服名，屬於五服。漢代喪期大功、小功以後，再服纖七日，然後脱去喪服，表示爲死者服喪的期限已滿。漢法對於居喪犯奸的處罰極嚴，諸侯王獲罪至被廢徙，如楚王劉戊以國喪罪至削郡。一般人則罪至棄市。（參見沈家本《歷代刑法考·漢律摭遺卷八·雜律·輕狡》，中華書局 1985 年版，第 1520 頁）

[124]【今注】隆慮：縣名。治所在今河南林州市。

［125］【今注】案，《史記·惠景閒侯者年表》“融”作“蟜”，“姦”下有“禽獸行，當死”五字。　長公主：皇帝的姐妹或皇帝之女較尊貴者，地位等同於諸侯王。

［126］【今注】案，底本、蔡琪本、大德本此格在第六行，殿本在第七行。

［127］【今注】霸陵：縣名。治所在今陝西西安市東北。文帝九年（前171）改芷陽縣置。其地有文帝霸陵。　土：蔡琪本、大德本、殿本作“士”。　案，蔡琪本此條在第六行，底本、大德本、殿本在第五行。

［128］【今注】曲逆：縣名。治所在今河北順平縣東南。　陳平：傳見本書卷四〇。

［129］【今注】脩武：縣名。治所在今河南獲嘉縣。

［130］【今注】護軍中尉：武官名。掌監護諸軍。

［131］【今注】案，《史記·高祖功臣侯者年表》“初起”作“初從”。《史記》卷五六《陳丞相世家》亦作“初從”，“始秦時三萬餘户，閒者兵數起，多亡匿，今見五千户”。

［132］【今注】案，二十二，蔡琪本、大德本、殿本作“二十三”。文帝五年（前175）至景帝四年（前153），合二十三年，當據改。

［133］【今注】案，二十三，蔡琪本同，大德本、殿本作“二十二”。自景帝五年（前152）至元光五年（前130），合二十三年。

［134］【今注】棄市：古代在鬧市執行斬刑，後將尸體暴露在街頭。

［135］【今注】簪裊：秦漢二十等爵的第三等。

［136］【今注】元始二年：公元2年。

［137］【今注】留：縣名。治所在今江蘇沛縣東南。　張良：傳見本書卷四〇。

［138］【今注】厩將：官名。掌管理軍馬。　下邳：縣名。治

所在今江蘇睢寧縣西北。

[139]【今注】韓：秦末楚漢之際王國名。公元前 206 年項羽置。都陽程（今河南禹州市）。 申都：官名。《史記·高祖功臣侯者年表》作“申徒”，即司徒。本書卷四〇《張良傳》載，項梁使張良求韓成，立爲韓王。以張良爲韓司徒，與韓王將千餘人西略韓地，得數城。秦輒復取之，往來爲游兵潁川。

[140]【今注】武關：關名。在今陝西丹鳳縣東南武關鎮。（參見王子今《武關、武候、武關候：論戰國秦漢武關位置與武關道走向》，《中國歷史地理論叢》2018 年第 1 輯）

[141]【今注】秦王嬰：秦始皇孫。公元前 207 年，趙高逼殺秦二世，子嬰去帝號，被立爲秦王。後誅殺趙高，降劉邦，爲項羽所殺。

[142]【今注】漢中：地區名。在今陝西南部、湖北西北部，秦嶺與大巴山之間。

[143]【顏注】師古曰：韓申都即韓王信也，《楚漢春秋》作“信都”，古信、申同字（字，大德本同，蔡琪本、殿本作“義”）。

[144]【顏注】師古曰：高祖自云得天下由張良，稱其才也。叙位次，乃以曹參比蕭何，校其勤也。至如戶數多少，或以材德，或以功勞，亦無定也。故稱蕭何位弟一（位，蔡琪本、大德本同，殿本作“功”；弟，蔡琪本、殿本同，大德本作“第”），戶唯八千。張良食萬戶，而位過六十。他皆類此（他，大德本同，蔡琪本、殿本作“它”）。

[145]【今注】高后三年：公元前 185 年。

[146]【今注】孝文五年：公元前 175 年。

[147]【顏注】師古曰：門大夫，侯之屬官也。【今注】門大夫：官名。掌宮門守衛、通報。西漢時太子和列侯均有門大夫。内史：官名。漢初諸侯王國置内史，掌政事。 案，《史記·高祖功臣侯者年表》“曠爲城旦”前有“當死”二字。

[148]【今注】案，于，蔡琪本、大德本、殿本作“千”。

[149]【顏注】師古曰：即項伯也。射字或作貰者，後人改也。【今注】射陽：縣名。治所在今江蘇寶應縣東北射陽鎮。 劉纏：項伯。下相（今江蘇宿遷市西南）人。項羽叔父。因有功於漢，賜姓劉。

[150]【今注】左令尹：楚官名。令尹爲楚國最高執政官，相當於宰相。令尹分左、右。

[151]【今注】案，與，蔡琪本、殿本作同，大德本作“与”。鴻門：地名。在今陝西西安市臨潼區東新豐鎮。 項：王先謙《漢書補注》“項”下當有“羽”字。

[152]【今注】孝惠三年：公元前192年。

[153]【顏注】師古曰：“酇”音“贊”。【今注】酇：縣名。治所在今河南永城市酇城鎮。王先謙《漢書補注》認爲，此沛郡之酇，字本作“鄜”，音 cuó，後轉寫作“酇”。

[154]【今注】丞相：官名。漢三公之一。掌統領百官，輔佐皇帝。

[155]【今注】蜀：地區名。在今四川盆地西部地區。 關中：地區名。函谷關以西。東有函谷關，南有武關（今陝西商南縣南），西有散關（今陝西寶雞市西南），北有蕭關（今甘肅環縣西北）。

[156]【今注】爲法令：蕭何制有《九章律》。

[157]【今注】案，蔡琪本、大德本同，殿本無“一”字。

[158]【今注】筑陽：縣名。治所在今湖北穀城縣東北。

[159]【顏注】師古曰：“筑”音“逐”。

[160]【今注】武陽：縣名。治所在今四川彭縣東。

[161]【今注】孝景二年：公元前155年。

[162]【今注】中二年：公元前148年。

[163]【顏注】師古曰：謂當侍祠而下齋也（下，大德本、蔡

琪本、殿本作"丕")。【今注】耐：通"耏"。古代剃去鬍鬚和鬢
毛的一種刑罰。　隸臣：古代因本人犯罪或被俘，親屬連坐充官奴
婢。男爲隸臣，女爲隸妾。

[164]【今注】元狩三年：公元前 120 年。

[165]【今注】太常犧牲瘦：《史記·高祖功臣侯者年表》作
"壽成爲太常，犧牲不如令"。太常，官名。漢九卿之一。掌宗廟禮
儀等。秩中二千石。原作"奉常"，景帝中元六年（前 144）改名。

[166]【今注】地節四年：公元前 66 年。地節，漢宣帝年號
（前 69—前 66）。

[167]【今注】甘露二年：公元前 52 年。甘露，漢宣帝年號
（前 53—前 50）。

[168]【今注】永始元年：公元前 16 年。永始，漢成帝年號
（前 16—前 13）。

[169]【今注】案，䋷，蔡琪本、大德本同，殿本作"蠻"。
南：縣名。治所在今河北鉅鹿縣北。　長：縣長。漢代萬户以上
縣的長官稱縣令，不足萬户稱長。

[170]【顏注】師古曰：䋷，音力全反，鉅鹿之縣也。【今注】
案，三年，蔡琪本、大德本同，殿本作"二"。

[171]【今注】永始四年：公元前 13 年。

[172]【今注】綏和元年：公元前 8 年。綏和，漢成帝年號
（前 8—前 7）。

[173]【今注】王莽：傳見本書卷九九。　居攝元年：公元 6
年。居攝，孺子嬰年號（6—8）。

[174]【今注】建國：王莽年號（9—13）。　蕭鄉侯：東漢
置。食地爲鄉的列侯稱鄉侯。

[175]【今注】絳：縣名。治所在今山西曲沃縣西南。　周
勃：傳見本書卷四〇。

[176]【今注】隴西：郡名。治狄道（今甘肅臨洮市）

［177］【今注】嶢關：關名。在今陝西商洛市商州區西北。

［178］【今注】泗水：郡名。治相縣（今安徽濉溪縣西北）。東海：郡名。治郯縣（今山東郯城縣北）。

［179］【今注】案，《史記》卷五七《絳侯周勃世家》作"八千一百八十戶"，本書卷四〇《周勃傳》作"八千二百八十戶"，《史記》卷一〇《孝文本紀》載，謀奪呂産等軍，益封萬戶。

［180］【今注】案，十三，蔡琪本、大德本作"三十三"，殿本作"三十二"。

［181］【今注】孝文十二年：公元前168年。

［182］【今注】脩：縣名。治所在今河北景縣南。

［183］【今注】後三年：蔡琪本同，大德本、殿本作"後二年"。案，朱一新《漢書管見》卷一云：汪本"二"作"三"。本書卷四〇《周勃傳》云，文帝十二年，勝之死後，國絕一年，則亞夫紹封在文帝後三年。施之勉《漢書集釋》，據本書《五行志上》載，景帝中五年（前145）八月己酉，未央宫東闕災。丞相條侯周亞夫以不合旨稱疾免。上推十八年，正爲文帝後二年（前162）。

［184］【今注】亞夫：周勃之子。文帝後二年（前162）封條侯。傳見本書卷四〇。

［185］【顔注】師古曰："脩"讀曰"條"。

［186］【今注】平曲：侯國名。治所在今江蘇沭陽縣東北。

［187］【今注】孝景後元年：公元前143年。

［188］【今注】元朔五年：公元前124年。

［189］【今注】元鼎五年：公元前112年。

［190］【今注】酎金：漢代宗廟祭祀時諸侯助祭所獻的黄金。漢制，天子於八月祭祀宗廟，稱爲飲酎或酎祭。諸侯王、列侯須參加並貢金助祭，助祭之金即"酎金"。酎金金額，據《續漢書·禮儀志上》"八月飲酎"劉昭注引《漢律金布令》所載，"諸侯、列侯各以民口數，率千口奉金四兩，奇不滿千口至五百口，亦四兩，皆會酎，少府受"。諸侯王、列侯如不按規定繳納，或酎金分量不

足、成色不好，則諸侯王削縣，列侯免國。

[191]【今注】槐里：縣名。治所在今陝西興平市東南。

[192]【今注】舞陽：縣名。治所在今河南舞陽縣西北。　樊噲：傳見本書卷四一。

[193]【今注】案，據本書卷四一《樊噲傳》，爲臨武侯。

[194]【今注】以郎入漢：據本書《樊噲傳》載，樊噲“遷爲郎中，從入漢中”，“郎”當作“郎中”。（參見周聘《〈漢書高惠高后文功臣表〉考釋》，《古籍研究》2001年第2期）

[195]【今注】案，本書《樊噲傳》作“五千四百户”。

[196]【今注】孝惠七年：公元前188年。

[197]【今注】高后八年：公元前180年。

[198]【顏注】師古曰：亢，音口浪反，又音“岡”。

[199]【今注】孝景七年：公元前150年。

[200]【今注】非子：市人不能生育，使其夫人與弟生它廣，故稱非子。

[201]【顏注】師古曰：不更，爵名。勝客，其人名。【今注】不更：秦漢二十等爵的第四等。

[202]【今注】曲周：侯國名。治所在今河北曲周縣東北。武帝建元四年（前137）置縣。　酈商：傳見本書卷四一。

[203]【今注】歧：地名。《史記》卷九五《樊酈滕灌列傳》張守節《正義》說“當與陳留、高陽相近”。王先謙《漢書補注》說“蓋在河南陳、鄭之界”。案，歧，大德本同，蔡琪本、殿本作“岐”。

[204]【今注】長社：縣名。治所在今河南長葛市東北。

[205]【今注】漢：漢中。秦郡名。治南鄭（今陝西漢中市）。案，漢，《史記·高祖功臣侯者年表》作“漢中”。王念孫《讀書雜志·漢書第二》認爲，“漢”下脱“中”字，當依《史記·高祖功臣侯者年表》補。定漢中事見本書卷四一《酈商傳》。　蜀：秦郡名。治成都（今四川成都市）。

[206]【今注】四千八百户：本書卷四一《酈商傳》作"五千一百户"。

[207]【今注】案，自文帝元年（前179）至景帝中二年（前148)，合三十二年。

[208]【今注】繆：一作"蓼"。地名。其地不詳。周代封國有繆，在今河南固始縣東北。爲楚所滅。

[209]【今注】元光四年：公元前131年。

[210]【今注】案，《史記·高祖功臣侯者年表》記侯宗，元朔三年封。

[211]【今注】後二年：王先謙《漢書補注》認爲當作"後元二年"。

[212]【今注】祝詛：祈禱於鬼神，使加禍於別人。

[213]【今注】潁陰：縣名。治所在今河南許昌市。 灌嬰：傳見本書卷四一。

[214]【今注】韓信：傳見本書卷三四。

[215]【今注】淮南：諸侯王國名。都六縣（今安徽六安市東北）。高祖五年（前202）封英布。本書卷四一《灌嬰傳》作"還定淮北"。 八邑：縣名。治所在今安徽碭山縣。《史記·高祖功臣侯者年表》作"下邑"。本書卷四一《夏侯嬰傳》載"擊項籍下邑"救孝惠、魯元，當以"下邑"爲是。

[216]【今注】彊：王先謙《漢書補注》引本書《灌嬰傳》作"彊"，《史記·高祖功臣侯者年表》同，此處當有誤。

[217]【今注】臨汝：縣名。治所在今河南臨汝縣西南。

[218]【今注】首匿：作爲主謀藏匿罪犯。《史記·高祖功臣侯者年表》作"行賕"。

[219]【顏注】師古曰：官首，爵名；匿，其人名也。【今注】案，周壽昌《漢書注校補》認爲，官或爲灌嬰曾孫之名。首匿爲罪名。灌賢之子傷人，灌賢首謀藏匿。宣帝地節四年（前66）詔，自今子首匿父母，妻匿夫，孫匿大父母，皆勿坐。其父母匿子，夫

匿妻，大父母匿孫，罪殊死。皆上請，廷尉以聞。此爲元康四年（前62）恩詔以後，故雖首匿，仍得詔復家。

[220]【今注】元壽二年：夏燮《校漢書八表》卷四認爲，"元壽"當作"元始"。按上下文，賜爵關内侯者皆在平帝元始二年（2），即本書卷一二《平紀》所云一百一十三人。

[221]【今注】汾陰：縣名。治所在今山西萬榮縣西南。　周昌：傳見本書卷四二。

[222]【今注】敖倉：秦代在敖山設置的糧倉，故地位於漢榮陽縣城（今河南鄭州市西邙山上）。

[223]【今注】御史大夫：官名。漢三公之一。掌執法彈劾、糾察百官以及圖籍秘書。秩中二千石。

[224]【顔注】如淳曰：職志，官名，主旗幟也。師古曰：志，音式吏反。【今注】職志：官名。主幡旗。《史記·高祖功臣侯者年表》"清陽侯"下有"二千八百户"五字。案，夏燮《校漢書八表》卷四云，凡表中稱功比某侯的，其名次必與之相近，此處清陽侯王吸位十四，周昌與之相近，當列於十五，而表中將廣平侯薛歐次於王吸，周昌置於十六。故證明表位次有錯亂。

[225]【今注】案，十三，蔡琪本、大德本、殿本作"十"。

[226]【今注】孝惠四年：公元前191年。《史記·高祖功臣侯者年表》上有"建平"二字，故乃徙封。

[227]【今注】孝文前五年：公元前175年。

[228]【今注】案，十年，蔡琪本、大德本、殿本作"十三年"。

[229]【今注】行賕：行賄賂。

[230]【今注】髡：古代剃去男子頭髮的一種刑罰。

[231]【今注】安陽：縣名。治所在今河南信陽市東北。王先謙《漢書補注》云爲汝南郡屬縣。梁玉繩《史記志疑》卷一一則認爲，汝南、漢中、五原、代郡均有安陽縣，本書《外戚恩澤侯表》載，上官桀封安陽侯，在蕩陰，屬河内郡。治所在今河南湯陰縣。

[232]【今注】孝景中二年：公元前 148 年。

[233]【今注】建元元年：公元前 140 年。建元，漢武帝年號（前 140—前 135）。

[234]【顏注】師古曰：明舊有官爵，免爲士伍而屬沃侯之國也。

[235]【今注】梁鄒：縣名。治所在今山東鄒平縣東北。

[236]【今注】謁者：官名。漢九卿之一郎中令屬官。掌賓贊受事。秩比六百石。

[237]【今注】孝惠五年：公元前 190 年。

[238]【今注】元光三年：公元前 132 年。

[239]【今注】案，王先謙《漢書補注》引蘇輿曰：自武帝元光三年（前 132）至元鼎三年（前 114）止十九年，此云"二十"，有誤。《史記·高祖功臣侯者年表》作"元光元年"，下"元鼎四年"作"元光四年"。

[240]【今注】元鼎四年：公元前 113 年。

[241]【顏注】師古曰：柹音膚。其字從木。

[242]【今注】夫夷：縣名。治所在今湖南邵陽市西。

[243]【顏注】師古曰：渫，音先列反。字或作"煠"。【今注】成：縣名。治所在今山東寧陽縣東北。

[244]【今注】厭次侯：爰類。位在第二十四。厭次，秦縣名。漢時改名富平。治所在今山東惠民縣東北。

[245]【今注】節氏：縣名。其地不詳。

[246]【今注】孝惠元年：公元前 194 年。

[247]【今注】建元四年：公元前 137 年。

[248]【今注】案，罷，《史記·高祖功臣侯者年表》作"霸"。

[249]【今注】濟南：郡名。治東平陵（今山東濟南市章丘區西北）。 太守：官名。掌一郡政事。秩二千石。 城陽：侯國名。治莒縣（今山東莒縣）。

[250]【今注】鬼薪：秦漢一種徒刑。最初爲宗廟采薪，後從

事官府雜役等，爲期三年。

[251]【今注】平陵：縣名。治所在今陝西咸陽市西北。漢昭帝劉弗陵建陵於此。

[252]【今注】蓼：縣名。治所在今河南固始縣東。王先謙《漢書補注》稱，在六安縣（今安徽六安市）。　孔聚：傳見本書卷三〇。聚，大德本同，蔡琪本作"叢"，殿本作"棗"。《史記·高祖功臣侯者年表》作"棗"。

[253]【今注】執盾：屬吏名。掌持盾護衛。

[254]【今注】左司馬：武官名。大司馬屬官，分左、右。掌領兵作戰。

[255]【顏注】師古曰：前元年，謂初起之年，即秦胡亥元年。後皆類此。擊項籍者，即《楚漢春秋》及《史記》所謂孔將軍居左者。【今注】案，吳仁傑《兩漢刊誤補遺》卷三認爲，此前元年即胡亥二年（前208）。

[256]【今注】侯臧：孔臧。漢武帝元朔二年（前127）爲太常。本書《藝文志》有《孔臧》十篇，《孔臧賦》二十篇。

[257]【今注】元朔三年：公元前126年。

[258]【今注】衣冠道：漢制，當每月初一在皇帝陵旁的廟中舉行祭祀時，要把寢中的衣冠取出移置到廟中，所經的道路稱作"衣冠道"。《史記·高祖功臣侯者年表》作"南陵橋壞，衣冠車不得度"（參見焦南峰《宗廟道、遊道、衣冠道——西漢帝陵道路再探》，《文物》2010年第1期）。

[259]【顏注】師古曰：游衣冠之道。【今注】案，底本此段在"三十"格之上，當互換位置。其下"孫""曾孫""元康四年聚玄孫長安公士宣詔復家"均應下移一格。據殿本改。

[260]【今注】案，聚，蔡琪本、大德本同，殿本作"棗"。

[261]【顏注】師古曰：費，音扶味反。說者以爲季氏邑，非也。【今注】費：縣名。治所在今山東費縣西北。

[262]【今注】會稽：郡名。治吳縣（今江蘇蘇州市）。　湖

陵：縣名。治所在今山東魚臺縣東南。《史記·高祖功臣侯者年表》作"湖陽"，治所在今河南唐河縣西南。

[263]【今注】二：蔡琪本、殿本同，大德本作"三"。自文帝元年（前179）經二十四年，爲景帝元年（前156），則侯偃嗣位在景帝二年，當以"二"爲是。

[264]【今注】巢：縣名。治所在今安徽巢湖市東北。王先謙《漢書補注》以爲在今安徽巢湖市。梁玉繩《史記志疑》據《太平寰宇記》認爲，在陳留襄邑縣（今河南睢縣西）。

[265]【今注】孝景中六年：公元前144年。

[266]【今注】陽夏：縣名。治所在今河南太康縣。　陳豨：宛胸（今山東菏澤市西南）人。以游擊將軍從劉邦。高祖六年（前201），封陽夏侯。高祖十年叛漢，自立爲代王，被周勃擊敗。高祖十二年，爲樊噲所殺。

[267]【今注】特將：單獨帶兵的將領。　宛胸：縣名。治所在今山東菏澤市西南。

[268]【今注】游擊將軍：武官名。漢代雜號將軍之一。

[269]【今注】代：秦末諸侯王國名。公元前206年，項羽封趙歇。都代（今河北蔚縣東北代王城）。後趙歇改封趙王，封陳餘爲代王。治代縣（今河北蔚縣東北）。

[270]【今注】臧荼：原爲燕王韓廣部將，後被項羽封爲燕王。

[271]【今注】趙相國：《漢書考證》齊召南説，"趙"當作"代"，各本俱誤，時趙相國周昌，非陳豨。

[272]【今注】隆慮：縣名。治所在今河南林州市。　克：《史記·高祖功臣侯者年表》作"哀"。　周竈：率兵擊南越。高祖六年（前201），封隆慮侯。

[273]【顏注】如淳曰：連敖，楚官。《左傳》楚有連丑（丑，蔡琪本、大德本、殿本作"尹"），莫敖，其後合爲一官號。師古曰：長鈺，長刀兵也，爲刀而劍形，《史記》作"長鈹"，鈹亦刀耳（蔡琪本、大德本同，殿本"刀"後無"耳"字）。鈺音盂。鈹

音披。

[274]【今注】孝文後二年：公元前 162 年。

[275]【今注】十二年：周通以孝文後二年（前 162）嗣位，至孝景中元年（前 149）爲十三年，《史記・高祖功臣侯者年表》孝文行中作"六"，孝景行中作"七"，也正合"十三"。故此處當作"十三年"。

[276]【今注】孝景中元年：公元前 149 年。

[277]【顔注】師古曰：復音扶目反。【今注】案，底本"敬侯"前缺"陽都"二字，應據蔡琪本、大德本、殿本補。陽都，縣名。治所在今山東沂南縣南。

[278]【今注】越將：本書《百官公卿表上》如淳曰："越人内附，以爲騎也。"《史記・高祖功臣侯者年表》作"趙將"。薛：縣名。治所在今山東滕州市張汪鎮皇殿崗故城。

[279]【今注】樓煩將：武官名。掌率領樓煩軍。樓煩，古族名。秦末爲匈奴征服，移居河南地（今内蒙古河套黃河以南地區），善騎射。

[280]【今注】周呂侯：高后兄呂澤。《史記・高祖功臣侯者年表》作"悼武王"。施之勉《漢書集釋》認爲，破龍且皆淮陰侯韓信的功績，灌嬰亦曾從屬。《淮陰傳》載，韓信破龍且於濰水。《灌嬰傳》載，灌嬰攻龍留公於假密，卒斬龍且。則所謂周呂侯率軍破彭城的説法，並不準確，當是呂后欲使其兄掩奪淮陰侯韓信的功績。

[281]【今注】龍且：項羽部將。隨項羽破秦。楚漢戰爭中，率兵擊敗黥布。公元前 203 年，在濰水爲韓信擊殺。　彭城：縣名。治所在今江蘇徐州市。

[282]【今注】大司馬：武官名。戰國時期掌軍政的高級官員。

[283]【今注】葉：縣名。治所在今河南葉縣西南。案，《史記・高祖功臣侯者年表》作"破羽軍葉"，此事在漢四年（前 203）破龍且之後，此後項羽不曾在葉作戰，故其人所破並非項羽直接指

揮的楚軍。當以《史記·高祖功臣侯者年表》爲正。（參見周聘《〈漢書高惠高后文功臣表〉考釋》,《古籍研究》2001 年第 2 期）

[284]【顏注】師古曰: 趡, 古躁字也。【今注】案, 十二年, 蔡琪本同, 殿本、大德本作"十三年"。

[285]【今注】孝文十年: 公元前 170 年。

[286]【今注】臨沂: 縣名。治所在今山東臨沂市北。

[287]【今注】陽信: 當作"新陽"。縣名。治所在今安徽界首市北。王先謙《漢書補注》認爲, "陽信"《史記·高祖功臣侯者年表》作"新陽", "青"作"清", 爲汝南郡屬縣。"新""信"二字相通。

[288]【今注】漢五年: 公元前 202 年。 令尹: 楚官名。爲百官之首, 掌全國軍政, 相當於丞相、相國。

[289]【今注】功比: 張錫瑜《〈史記·高祖功臣侯者年表〉功比說》（書目文獻出版社 1996 年版）認爲,《史記·高祖功臣侯者年表》《漢書·高惠高后文功臣表》所稱"功比某侯", 並非以封侯的先後爲準, 而是以封侯的位次高低爲準。一般某侯功比另外一侯, 則另外一侯的位次在某侯之上。

[290]【今注】臣: 吕臣。原爲陳勝部將。陳勝死後, 組織蒼頭軍, 殺莊賈。與英布聯合破秦軍。後歸項梁。項梁死, 歸楚懷王, 任司徒。

[291]【今注】案, 此條底本、大德本在此格, 蔡琪本、殿本在右邊一格。

[292]【今注】孝文七年: 公元前 173 年。

[293]【今注】案, 十三, 蔡琪本、大德本、殿本作"中三", 當據改。

[294]【今注】東武: 縣名。治所在今山東諸城市。

[295]【今注】户衛: 官名。掌守衛門户。

[296]【今注】杠里: 地名。在今山東菏澤市東北。杠, 蔡琪本、大德本同, 殿本作"扛"。

［297］【今注】曲遇：邑名。治所在今河南中牟縣東。

［298］【顏注】師古曰：城將，將築城之兵也。

［299］【今注】孝景六年：公元前 151 年。

［300］【顏注】如淳曰："汁"音"什"。"防"音"方"。【今注】汁防：縣名。治所在今四川什邡市。

［301］【今注】趙將：梁玉繩《史記志疑》認爲，雍齒不應爲趙將，或是"魏將"之誤。

［302］【今注】平定侯：夏燮《校漢書八表》卷四認爲，齊受封爲平定侯，位在五十四。此雍齒位在五十七，當在五十六之次，而《史》《漢》表俱缺五十六。

［303］【今注】案，正月戊午，蔡琪本作"三月戊午"，大德本、殿本作"三月戊子"。

［304］【今注】案，三年，蔡琪本、大德本同，殿本作"二年"。

［305］【今注】案，《史記·高祖功臣侯者年表》"鉅鹿"作"巨"，無"鹿"字。

［306］【今注】孝景三年：公元前 154 年。

［307］【今注】案，大德本、殿本"十年"後有"薨"字。

［308］【今注】案，《史記·高祖功臣侯者年表》終侯桓元年爲孝景中元六年（前 144），至武帝元鼎五年（前 112），當三十三年，不應作"不得年"。

［309］【今注】案，蔡琪本、大德本同，殿本無此句。

［310］【今注】棘蒲：戰國魏地。在今河南内黄縣以北一帶。（參見鄭威、但昌武《張家山漢簡〈二年律令·秩律〉"棘蒲"侯國考》，《簡帛》第 17 輯，上海古籍出版社 2018 年版） 陳武：柴武，事見本書卷四〇。

［311］【今注】東阿：縣名。治所在今山東陽穀縣東北。 將卒：《史記·高祖功臣侯者年表》作"率將"。

［312］【今注】案，二歲，蔡琪本同，大德本、殿本作"一

歲”。本書卷一上《高紀上》載，秦二世三年（前207）十二月，沛公引兵至栗，遇剛武侯，奪其軍四千餘人。

[313]【今注】歷下：戰國齊地。在今山東濟南市西。　臨菑：縣名。治所在今山東淄博市東北。菑，蔡琪本同，大德本、殿本作“葘”。

[314]【今注】案，三十八，蔡琪本、殿本同，大德本作“四十八”。據《史記·高祖功臣侯者年表》，陳武漢六年（前201）被封，至文帝後元年（前163），高祖行作“七”，惠帝行作“七”，高后條作“八”，文帝行作“十六”，合三十八。

[315]【今注】孝文後元年：公元前163年。

[316]【今注】雲陽：縣名。治所在今陝西淳化縣西北。

[317]【今注】都昌：縣名。治所在今山東昌邑市西。

[318]【今注】隊帥：軍中小吏。五人爲伍，十伍爲隊。一軍凡二百五十隊。又作“隊率”。　翟王：董翳。

[319]【今注】章邯：秦將，任少府。在鉅鹿爲項羽所敗。秦亡，被項羽封爲雍王。後兵敗自殺。

[320]【今注】孝文八年：公元前172年。

[321]【今注】孝景元年：公元前156年。前元，公元前156至前150年。

[322]【今注】案，十六，蔡琪本、大德本、殿本作“二”。下格載“三年侯辟彊嗣”，故此處“十六”當改“二”。

[323]【今注】昌侯國：侯國名。即昌縣。武帝元鼎元年（前116），改昌縣爲侯國。治所在今山東諸城市東北。

[324]【今注】武彊：侯邑。在今河北武強縣西南。　嚴侯嚴不職：《史記·高祖功臣侯者年表》作“莊侯莊不識”。陳直《漢書新證》認爲，當以莊不識爲是。本作“莊”，因避東漢明帝諱而改。

[325]【今注】案，蔡琪本同，大德本、殿本“公”後有“至”字。

[326]【今注】丞相甯：事迹不詳。梁玉繩《史記志疑》認

爲，字應有誤。陳直《史記新證》認爲，當時没有丞相名甯的，疑有誤。"甯"疑爲"陵"字同音之誤，指王陵。《史記·漢興以來將相名臣年表》："（漢高祖六年）十月乙巳，安國侯王陵爲右丞相。"司馬遷以王陵後來的官職名稱紀述以前發生的事情。

[327]【今注】黥布：傳見本書卷三四。

[328]【今注】高后七年：公元前 181 年。

[329]【今注】陽：當作"湯"，即張湯。傳見本書卷五九。《史記·高祖功臣侯者年表》作"逮御史大夫湯"。案，此事詳見本書卷五九《張湯傳》，有人盜發孝文園瘞錢，丞相青翟與張湯想至文帝前謝罪，但張湯並不認爲自己有錯。文帝命御史查問此事。張湯歸過於丞相，因此與青翟産生矛盾。青翟下屬三長史欲陷害張湯，通過逮捕其佐吏田信，並告發張湯。文帝因此懷疑張湯心存欺詐，並遣趙禹責問。張湯因此自殺。張湯死後，家産不過五百金，其母將其薄葬。文帝知道後，誅三長史。丞相青翟自殺。

[330]【顔注】師古曰：以獄建之意，而不直也。

[331]【顔注】師古曰：貰，音式制反（案，顔注漫漶不清，據蔡琪本、大德本、殿本補）。【今注】貰：縣名。治所在今河北寧晉縣東北。 侯合：王先謙《漢書補注》云，《史記·高祖功臣侯者年表》作"齊侯吕"。徐廣注"吕"一作"台"。"合"非謚，蓋"吕"誤爲"台"，"台"誤爲"合"，又倒在侯上。"博"誤爲"傅"。當作"貰齊侯吕博"。

[332]【今注】越：古族名。一作"粤"。主要分布在今福建、浙江及江西部分地區。漢初，分爲閩粤、東粤、南海三部分。 户將：武官名。掌統領户郎，宿衛宫殿。

[333]【今注】六百户：《史記·高祖功臣侯者年表》作"千六百户"。

[334]【今注】案，猜，《史記·高祖功臣侯者年表》作"倩"。

[335]【今注】案，二年，蔡琪本同，大德本、殿本作"一年"。

［336］【今注】大上造：秦漢二十等爵的第十六等。

［337］【今注】案，底本此處漫漶不清，據蔡琪本、大德本、殿本補。

［338］【今注】海陽：縣名。治所在今河北灤縣西南。

［339］【今注】隊將：武官名。一隊之將官，位在都尉下。掌率本隊作戰。

［340］【今注】案，千七百戶，《史記·高祖功臣侯者年表》作"千八百戶"。

［341］【今注】案，朱一新《漢書管見》卷一曰：自高帝六年至孝惠三年實九年，"月"字誤。《史記·高祖功臣侯者年表》作"九年"。

［342］【今注】案，二年，蔡琪本、大德本、殿本作"三年"。據後文昭襄薨於高后四年（前184），前推九年，正是惠帝二年。

［343］【今注】案，昭襄，《史記·高祖功臣侯者年表》作"招襄"。

［344］【今注】不更：秦漢二十等爵的第四等。

［345］【今注】南安：縣名。治所在今四川樂山市。

［346］【今注】河南將軍：武官名。漢雜號將軍之一，掌領兵征戰。 案，二，蔡琪本、大德本、殿本作"三"。 晉陽：縣名。治所在今山西太原市西南。

［347］【顏注】師古曰：重將者，主將領輜重也。重，音直用反。一曰持重之將也，音直勇反。【今注】案，《史記·高祖功臣侯者年表》"重將"作"亞將"。

［348］【今注】案，褭，蔡琪本、大德本同，殿本作"裹"。

［349］【今注】肥如：縣名。治所在今河北盧龍縣。

［350］【今注】魏：魏王豹。項羽封爲西魏王。

［351］【今注】車騎將軍：武官名。掌領車騎甲士。 龍且：城名。傳爲楚將龍且所築。在今山東高密市西南。

[352]【今注】六十六：錢大昭《漢書辨疑》認爲，當作“六十八”。

[353]【今注】案，戎，《史記·高祖功臣侯者年表》作“成”。

[354]【今注】曲成：縣名。治所在今山東招遠市西北。《史記·高祖功臣侯者年表》作“曲城”。 案，蟲達，《史記·高祖功臣侯者年表》作“蟲逢”。

[355]【今注】西城：縣名。治所在今陝西安康市西北。《史記·高祖功臣侯者年表》作“曲城”。

[356]【今注】執金吾：官名。掌京師治安，督捕盜賊，皇帝出行則充護衛儀仗。秩中二千石。本爲秦中尉，武帝太初元年（前104）執金吾。《史記·高祖功臣侯者年表》作“執珪”。

[357]【今注】案，“五年，爲二隊將”，當據《史記·高祖功臣侯者年表》在漢元年。

[358]【今注】陳：縣名。治所在今河南淮陽縣。

[359]【今注】案，《史記·高祖功臣侯者年表》“代”下有“拔之”。

[360]【今注】位次曰夜侯恒：王先謙《漢書補注》，傳寫者移“垣”於“夜侯”下。《史記·高祖功臣侯者年表》作“垣”。

[361]【今注】侯捷：蟲捷。楊樹達《漢書窺管》據《史記》卷一一八《淮南衡山列傳》載，漢朝使曲城侯將兵救淮南。裴駰《集解》引徐廣曰“曲城侯姓蟲名捷，其父名逢”。

[362]【今注】案，夏燮《校漢書八表》卷四稱，蟲捷嗣位在文帝元年（前179），八年免則爲文帝八年，十四年後復封，應在孝文後五年（前159）。自孝文後五年至孝景中五年（前145），僅十五年，而非十八年。校以《史記·高祖功臣侯者年表》，蟲捷立八年（文帝八年），有罪免。孝文後三年復封，中間經十二年。蟲捷再封後凡十八年，復免當在孝景中六年（前144），此表誤“十二”爲“十四”。下文十八年，爲孝景之中五年，乃其免之年，非三封之年。若蟲捷之三封，《史記·高祖功臣侯者年表》繫之孝景

後元年（前143），三封後四年而薨，則爲武帝建元元年（前140）。

　　[363]【今注】建元二年：公元前139年。

　　[364]【今注】案，皇柔，《史記·高祖功臣侯者年表》作"拜素"。

　　[365]【顔注】師古曰：赤側，解在《食貨志》。時並令以充賦，而汝南不遵詔令。【今注】汝南：郡名。治上蔡（今河南上蔡縣西南）。　赤側錢：漢代一種製作工整、邊廓磨光的錢（一説以赤銅爲外邊）。武帝元鼎二年（前115）鑄行，規定一枚赤側五銖當五個普通五銖錢。亦作"赤仄錢"。

　　[366]【今注】河陽：縣名。治所在今河南孟州市西。

　　[367]【今注】起碭從：王先謙《漢書補注》認爲，當作"從起碭"。

　　[368]【今注】梁：王國名。高祖五年（前202）封彭越爲梁王。都定陶（今山東荷澤市定陶區西北）。　郎將：官名。掌宿衛皇帝、充車騎。

　　[369]【今注】齊：秦末楚漢之際王國名。公元前206年項羽置。都臨淄（今山東淄博市東北）。

　　[370]【今注】責：同"債"。債務。

　　[371]【今注】即丘：縣名。治所在今山東郯城縣東北。丘，蔡琪本、大德本同，殿本作"兵"。

　　[372]【今注】淮陰：縣名。治所在今江蘇淮陰市西南。　韓信：傳見本書卷三四。

　　[373]【今注】郎中：官名。漢九卿之一郎中令屬官。内充侍衛，外從作戰。比三百石。

　　[374]【今注】咸陽：秦都城。故城遺址在今陝西咸陽市渭城區窑店鎮一帶。

　　[375]【今注】連敖票客：官名。掌接待賓客。《史記·高祖功臣侯者年表》作"典客"。梁玉繩《史記志疑》認爲，"典"字當爲"粟"字之誤。本書卷三四《韓信傳》載，韓信入漢爲連敖，

後又爲治粟都尉，則粟客即治粟之官。

[376]【今注】大將軍：武官名。漢代將軍最高稱號。多由貴戚任。

[377]【今注】案，魏、趙，《史記·高祖功臣侯者年表》作魏、齊。指魏王豹（今山西西南部）及漢王歇（今河北南部）屬地。

[378]【顏注】師古曰：《高紀》及《信傳》並云爲治票都尉（票，蔡琪本、大德本、殿本作"粟"），而此云票客，參錯不同。或者以其票疾而賓客禮之，故云票客也。票，音頻妙反。

[379]【顏注】師古曰：耏音而。《左氏傳》曰宋耏班。跖音之亦反。【今注】芒：縣名。治所在今河南永城市東北。

[380]【今注】門尉：武官名。掌門禁守衛。

[381]【今注】案，定武君，《史記·高祖功臣侯者年表》作"武定君"。

[382]【今注】張：縣名。治所在今河北邢臺市東北。

[383]【今注】案，昭，蔡琪本、大德本同，殿本作"詔"。
列侯：秦漢二十等爵的第二十等，爲最高級。又作"徹侯""通侯"。 擊楚：蔡琪本、大德本、殿本作"擊吳楚"，當據補。吳楚，吳王濞、楚王戊。指吳楚七國之亂。

[384]【今注】元朔六年：公元前123年

[385]【顏注】師古曰：景帝女也。【今注】南宮：縣名。治所在今河北南宮縣西北。

[386]【今注】敬市：縣名。治所在今河南滎陽市東北。周壽昌《漢書注校補》認爲，此處當作"故市敬侯"，脫故字，而"敬"則侯之謚號，誤加封邑之上。《史記·高祖功臣侯者年表》作"故市"。

[387]【今注】河上：郡名。治所不詳。

[388]【今注】殷相：《史記·高祖功臣侯者年表》作"假相"。殷，秦末楚漢之際國名。項羽封司馬卬。都朝歌（今河南淇縣）。

[389]【今注】案，大德本同，蔡琪本、殿本句末有“家”字。

[390]【今注】柳丘：縣名。其地《史記·高祖功臣侯者年表》司馬貞《索隱》云屬勃海，然《地理志》勃海郡無此縣。有柳縣，無“丘”字。其地未詳。

[391]【今注】案，三隊將，《史記·高祖功臣侯者年表》作“二隊將”。

[392]【今注】案，八千戶，《史記·高祖功臣侯者年表》作“千戶”。

[393]【今注】案，八月，蔡琪本同，大德本、殿本作“六月”。

[394]【今注】案，七年，蔡琪本、大德本、殿本作“十年”。

[395]【今注】案，元生，蔡琪本、殿本同，大德本作“先生”。

[396]【今注】魏其：縣名。治所在今山東臨沂市南。　周止：《史記·高祖功臣侯者年表》作“周定”。

[397]【今注】東城：縣名。治所在今安徽定遠縣東南。

[398]【今注】案，三十四，蔡琪本、大德本、殿本作“四十四”。

[399]【今注】祁：縣名。治所在今山西祁縣東南。

[400]【今注】追騎：《史記·高祖功臣侯者年表》作“追騎”。

[401]【今注】祁王：《史記·高祖功臣侯者年表》作“祁子”。梁玉繩《史記志疑》認爲，“祁”字當衍。“王”當據《史記·高祖功臣侯者年表》作“子”。

[402]【今注】斬項籍：《史記·高祖功臣侯者年表》祇載其擊項羽，並未載其斬項籍。斬項羽五侯中，並無此人。（參見周聘《〈漢書高惠高后文功臣表〉考釋》，《古籍研究》2001年第2期）此處“斬”當作“擊”。

[403]【顏注】師古曰：謂之祈王（祈，大德本同，蔡琪本、

殿本作"祁"），蓋嘉其功，故寵號之（蔡琪本、大德本同，殿本
"寵"前無"故"字），許以爲王也。争惡，謂争惡地。延壁，壁
壘之名也。【今注】争惡絶延壁：王叔岷《史記斠證》據《史記·
高祖功臣侯者年表》作"急絶其近壁"，認爲，《漢表》中"争
惡"，因書寫較急，字誤分爲二，上半"芻"誤爲"争"，下半"
心"誤爲"惡"。"延壁"當作"延壁"。

[404]【今注】案，三十三，蔡琪本、大德本同，殿本作"二
十三"。自文帝十一年（前 169）上推三十三年正高祖五年（前
202），當以"三十三"爲是。

[405]【今注】案，胡，《史記·高祖功臣侯者年表》作
"湖"。

[406]【今注】案，三年，蔡琪本、大德本同，殿本作"二
年"。

[407]【顏注】師古曰：方大射而擅自罷也（蔡琪本、大德
本、殿本"也"前有"去"字）。

[408]【今注】公大夫：秦漢二十等爵的第七等。

[409]【今注】平：縣名。治所在今河南孟津縣東。 案，師
喜，《史記·高祖功臣侯者年表》作"沛嘉"。

[410]【今注】雒陽：縣名。治所在今河南洛陽市東北。

[411]【今注】案，千三百，蔡琪本、大德本同，殿本作"千
二百"。

[412]【今注】聊城：縣名。治所在今山東聊城市西北。

[413]【今注】孝文十六年：公元前 164 年。

[414]【今注】匿死罪：藏匿死刑犯。

[415]【今注】案，二千三百，蔡琪本同，大德本作"三千三
百"，殿本作"三千二百"。

[416]【今注】魯：縣名。治所在今山東曲阜市東北。

[417]【今注】案，蔡琪本、大德本、殿本"功"後有"比"
字，底本無，當據補。

[418]【今注】重平：縣名。治所在今山東德州市陵城區東北。

[419]【今注】母底：王先謙《漢書補注》認爲，“底”當據《史記·高祖功臣侯者年表》作“疵”。

[420]【今注】案，夏燮《校漢書八表》卷四認爲，樊噲位列第五，則當以位列第六的曲周侯酈商與之比，但此處以位列第七的奚涓與之比，或有差錯。

[421]【今注】城父：縣名。治所在今安徽亳州市東南。案，城父，《史記·高祖功臣侯者年表》作“故城”。

[422]【今注】淮陽：王國名。都陳縣（今河南淮陽縣）。

[423]【今注】案，“頃侯諸莊”四字不可考，疑衍。

[424]【今注】新豐：縣名。治所在今陝西西安市臨潼區東北陰盤城。高祖七年（前200），因太公思歸故里，於驪邑仿照豐邑築城，並徙豐邑居民以填充，名新豐。　案，裹，大德本同，蔡琪本作“裊”。

[425]【今注】任：縣名。治所在今河北任縣東。

[426]【今注】東垣：縣名。治所在今河北石家莊市長安區東古城村東垣故城遺址。

[427]【今注】雍齒：沛人。從劉邦起兵，反叛後復歸。高祖六年，封功臣，衆人爭功。高祖用張良計，封雍齒爲什邡侯。

[428]【今注】案，《史記·高祖功臣侯者年表》“功”下有“侯”字，當據補。

[429]【今注】棘丘：侯國名。其地不詳。梁玉繩《史記志疑》認爲，即上棘，在陽翟縣（今河南禹州市）西。又説接近鉅鹿（今河北平鄉縣西南）。錢穆《史記地名考》認爲，當在永城（今河南永城市附近）或柘（今河南柘城縣西北）一帶（商務印書館2004年版，第1103頁）。

[430]【今注】執盾隊史：執盾屬吏。掌率領執盾隊士兵。

[431]【今注】治粟内史：官名。秦置。掌錢穀賦税等。景帝後元年（前143）更名大農令，武帝太初元年（前104）改稱大司

農。案,《史記・高祖功臣侯者年表》"治"前有"以"字。

[432]【今注】上郡:治膚施(今陝西榆林市東南)。 西魏地:項羽封魏豹爲西魏王,都平陽(今山西臨汾市西南)。在今山西中部、南部地區。

[433]【今注】河陵:王先謙《漢書補注》認爲,"河"字當誤。《史記・高祖功臣侯者年表》作"阿陵"。縣名。治所在今河北任丘市東北。

[434]【今注】單父:縣名。治所在今山東單縣南。

[435]【顏注】師古曰:塞路者,主遮塞要路,以備敵寇也。

[436]【今注】案,二十一,蔡琪本、大德本、殿本作"二十二"。

[437]【今注】勝侯客:錢大昭《漢書辨疑》認爲,勝非謚號,當依《史記・高祖功臣侯者年表》作"侯勝客"。

[438]【今注】南:侯國名。梁玉繩《史記志疑》認爲,當在青州、徐州之間。馬孟龍《西漢侯國地理》認爲,屬汝南郡。(上海古籍出版社 2013 年版,第 419 頁)

[439]【今注】昌武:縣名。當在今山東東部。

[440]【今注】案,九百户,蔡琪本、大德本同,殿本作"七百户"。《史記・高祖功臣侯者年表》作"九百八十户"。

[441]【今注】孝景中元四年:公元前 146 年。中元,公元前149 年至前 144 年。

[442]【今注】坐傷人二旬内死:犯罪者傷人後,令其在規定期限内爲傷者治療,根據傷情確定相應的刑罰,稱爲保辜。漢代保辜期限在二旬,即二十天。《張家山漢簡・二年律令・賊律》規定,"鬭傷人,而以傷辜二旬中死,爲殺人"。

[443]【今注】高宛:縣名。治所在今山東淄博市西北。《史記・高祖功臣侯者年表》作"高苑"。

[444]【今注】中尉:武官名。初爲統兵武官。掌京師治安,管理中央武庫。武帝太初元年(前 104)改名"執金吾"。

[445]【今注】斥丘侯：唐厲。位第四十。夏爕《校漢書八表》卷四認爲表中所載東武侯郭蒙位第四十一，或轉寫有誤。斥丘，縣名。治所在今河北成安縣東南。

[446]【今注】案，平，《史記·高祖功臣侯者年表》作“孝”。

[447]【顏注】師古曰：天子出行，陳列屬車，而輒至於其間。【今注】屬車：古代皇帝、諸侯外出時的隨從車輛。亦稱“副車”。 案，二百，大德本同，蔡琪本、殿本作“三百”。

[448]【今注】元始三年：公元3年。

[449]【今注】宣曲：地名。位置不詳。

[450]【今注】固陵：縣名。治所在今河南太康縣南。

[451]【今注】案，三十二，大德本同，蔡琪本、殿本作“二十二”。侯丁通文帝十一年（前169）嗣位，則丁義薨於公元前168年，上推三十二年爲高祖六年（前201），當以“三十二年”爲是。

[452]【今注】發婁：地名。位置不詳。

[453]【今注】孝文十一年：公元前169年。

[454]【今注】案，殿本“通”後有“嗣”字，底本、蔡琪本、大德本無，當據補。

[455]【今注】案，十一年，朱一新《漢書管見》卷一：案《史記·高祖功臣侯者年表》，通中五年復封，中六年免，僅一年。“十”字衍。

[456]【今注】案，免，蔡琪本、大德本同，殿本作“害”。

[457]【今注】陽安：縣名。治所在今河南確山縣東北。

[458]【今注】終陵：《史記·高祖功臣侯者年表》作“絳陽”。楊樹達《漢書窺管》據王國維說，齊魯封泥有“絳陵邑丞”。《史記》《漢書》均誤。梁玉繩《史記志疑》、王念孫《讀書雜志·漢書第二》均以爲當是於陵，縣名，治所在今山東鄒平縣南，屬濟南郡。

[459]【今注】馬邑：縣名。治所在今山西朔州市。 布：黥布。

[460]【今注】三十五年：王先謙《漢書補注》引蘇輿說，自

高六年至文三年爲二十五年，"三"字誤。

[461]【今注】孝文四年：公元前 176 年。

[462]【今注】案，十七，大德本、殿本作"十六"。孝文四年至後元四年爲"十六年"，當據改。又，蔡琪本無此格，後兩格上移。

[463]【今注】後四年：公元前 160 年。

[464]【今注】司寇：把罪犯罰往邊地戍守。婦女則改爲勞役，稱爲"作如司寇"。刑期均爲二年。一説爲"笥篋"，即從事編織竹器的勞役。

[465]【今注】東茅：地名。位置不詳。 案，劉到，《史記·高祖功臣侯者年表》作"劉釗"。王先謙《漢書補注》認爲，當作"釗"。

[466]【今注】案，韓王信，《史記·高祖功臣侯者年表》作"韓信"。

[467]【今注】案，邑益，大德本同，蔡琪本、殿本作"益邑"。

[468]【今注】案，夏燮《校漢書八表》卷四認爲，自孝文三年嗣位至十六年免，共十三年，表中"十二"當爲"十三"。

[469]【顏注】師古曰：嗣爵十三年至孝文十六年而免也。事謂役使之。員，數也。

[470]【顏注】師古曰："鮦"音"紂"。【今注】鮦陽：縣名。治所在今安徽臨泉縣。

[471]【今注】案，封，蔡琪本、大德本、殿本作"豐"。

[472]【今注】亞將：副將。

[473]【今注】東部都尉：《史記·高祖功臣侯者年表》作"東郡都尉"。東郡，治濮陽（今河南濮陽市西南）。案，"爲東部都尉，破籍，侯成武"，《史記·高祖功臣侯者年表》作"爲東郡都尉，擊破籍武城"。

[474]【今注】成武：縣名。治所在今山東成武縣。

［475］【顔注】師古曰：初爲成武侯，後更封斥丘也。

［476］【今注】案，王先謙《漢書補注》引蘇輿説：自高祖六年（前201）至文帝八年（前172）爲三十年，"二"當爲"三"。

［477］【今注】後六年：公元前158年。

［478］【今注】案，《史記·高祖功臣侯者年表》作"元鼎五年國除"。"二年"當爲"五年"。

［479］【今注】臺：縣名。治所在今山東濟南市東北。

［480］【今注】臨江：侯國名。都江陵（今湖北荆州市荆州區）。

［481］【今注】將軍賈：劉賈。劉邦的堂兄。

［482］【今注】安國：縣名。治所在今河北安國縣東南。 王陵：傳見本書卷四〇。

［483］【今注】南陽：郡名。治宛縣（今河南南陽市宛城區）。

［484］【今注】案，《漢表》與《史記·高祖功臣侯者年表》所載王陵事迹差別較大。其中《史記·高祖功臣侯者年表》所載與《史記》卷五六《陳丞相世家》裴駰《集解》相同，而《漢表》與《史記》《漢書》王陵本傳相同。全祖望《經史問答》卷一〇認爲，《史記·高祖功臣侯者年表》所載有誤，王陵歸漢甚早，而不從入關，因高祖留以爲外援。而本書卷四〇所載，王陵不肯從沛公，也不準確。免張蒼於死，並迎太公。王陵受封較晚，蓋因漢初功臣位次第一曰從起豐沛，二曰從入關，三曰從定三秦，而王陵之功皆在此三者之後，又如陳平等人出謀劃策，所以其受封較晚。洪頤煊《讀書叢録》卷一七則認爲，《史記·高祖功臣侯者年表》《漢表》所載不同，或有兩王陵。王榮商《漢書補注》卷六則認爲，《史記·高祖功臣侯者年表》《漢表》所載皆準確，但《史記·高祖功臣侯者年表》所載是王陵初起時，兩表互有補充。

［485］【今注】案，斿，《史記·高祖功臣侯者年表》作"游"。

［486］【今注】樂成：縣名。治所在今河南鄧州市西南。

［487］【今注】案，夏燮《校漢書八表》卷四云，《史記·高

祖功臣侯者年表》"定三秦"下，無"正奉"二字。丁禮初封正奉侯，後改封樂成侯。

[488]【今注】案，四十三，蔡琪本、大德本、殿本作"四十二"。

[489]【今注】五利侯：本書卷六《武紀》載，元鼎四年（前113），樂成侯丁義向武帝薦方士欒大，被封爲五利將軍、樂通侯。元鼎五年，欒大被腰斬，丁義遭棄市。

[490]【今注】辟陽：縣名。治所在今河北衡水市冀州區東南。

[491]【今注】吕后：吕雉。紀見本書卷三。 孝惠：惠帝劉盈。紀見本書卷二。 案，二歲十月，梁玉繩《史記志疑》卷一一認爲，自二世元年（前209）九月，劉邦初起爲沛公，訖漢二年（前205）四月伐楚，而入項羽軍，合計三年九月。故審食其侍吕后、孝惠的時間爲三歲十月。《史記·高祖功臣侯者年表》作"三歲十月"。

[492]【今注】楚：秦亡後，項羽自立爲西楚霸王，都彭城（今江蘇徐州市）。

[493]【今注】食其侍從一歲：梁玉繩《史記志疑》認爲，吕后在漢二年（前205）四月入楚，四年九月歸漢，則審食其侍從約三歲。

[494]【今注】爲淮南王長所殺：《史記》卷四《孝文本紀》載，淮南王劉長與從者魏敬殺辟陽審食其。

[495]【今注】案，二年，《史記·高祖功臣侯者年表》作"三年"。

[496]【顏注】師古曰：酈音陪，又音普肯反。鰶音息列反。【今注】酈成：侯國名。在今陝西寶雞市東。《史記·高祖功臣侯者年表》作"削城"。 案，制侯，《史記·高祖功臣侯者年表》作"貞侯"。

[497]【今注】池陽：縣名。治所在今陝西涇陽縣西北。

［498］【今注】平陰：縣名。治所在今河南孟津縣東北。

［499］【今注】襄國：縣名。漢元年（前206）項羽改信都爲襄國。治所在今河北邢臺市。

［500］【今注】鴻溝：古運河名。約戰國魏惠王十年（前360）開通。源出今河南滎陽市北，向東流經中牟（今河南中牟縣）、大梁（今河南開封市），向南入潁水。

［501］【今注】案，三千二百戶，《史記·高祖功臣侯者年表》作"三千三百戶"。

［502］【今注】案，二十二，蔡琪本、大德本同，殿本作"二十七"。

［503］【今注】長沙：郡名。治臨湘（今湖南長沙市）。朱一新《漢書管見》卷一認爲，此表末格皆不載郡名，載郡名的祇見此一處。《索隱》不引此而引《晉書地道記》，疑小司馬所見《漢表》無"長沙"二字。

［504］【今注】鄲：縣名。治所在今安徽渦陽縣東北。

［505］【顏注】師古曰：鄲，沛之縣也。音多。

［506］【今注】元鼎三年：公元前114年。三年，蔡琪本、大德本同，殿本作"二年"。

［507］【顏注】如淳曰：《食貨志》民巧法，用之不便，又廢也。

［508］【今注】同產弟子：同母兄弟所生之子。

［509］【今注】安平：縣名。治所在今河北安平縣。 案，鄂秋，《史記·高祖功臣侯者年表》作"鄂千秋"。

［510］【顏注】師古曰：先以食邑，因就封之也。事見《蕭何傳》。

［511］【今注】孝景後三年：公元前141年。三年，大德本同，蔡琪本、殿本作"二年"。

［512］【今注】案，與淮南王安通，《史記·高祖功臣侯者年表》作"與淮南王女陵通"。

［513］【今注】北平：縣名。 張蒼：傳見本書卷四二。

　　[514]【今注】武陽：縣名。治所在今河南原陽縣東南。《史記・高祖功臣侯者年表》作"陽武"。

　　[515]【今注】常山：郡名。治元氏（今河北元氏縣西北）。

　　[516]【今注】陳餘：傳見本書卷三二。

　　[517]【今注】代：王國名。公元前 206 年項羽封趙歇。後以趙歇爲趙王，改陳餘爲代王。高祖七年（前 200）封劉喜爲代王，都代縣（今河北蔚縣東北）。領雲中、雁門、代三郡。九年國除。十一年，分雲中郡東部置定襄郡，又以定襄、雁門、代、太原四郡置代國，封劉恒。都晉陽（今山東太原市西南）。

　　[518]【今注】趙：王國名。高祖九年（前 198）封劉如意爲趙王。

　　[519]【顔注】如淳曰：計相，官名，但知計會。

　　[520]【今注】案，五十五，蔡琪本、大德本、殿本作"五十"。自景帝六年（前 151）上推五十五年，爲漢二年（前 205），但據上文所稱以代相封侯，則當在高祖七年以後。故此處當作"五十"。

　　[521]【今注】案，六，蔡琪本、大德本、殿本作"八"。自景帝六年（前 151）至中元六年（前 144）爲八年，當據改。

　　[522]【今注】類：夏燮《校漢書八表》卷四認爲，《史記》卷九六《張丞相列傳》司馬貞《索隱》案：《漢書》云傳子至孫毅有罪，國除。類即毅。《漢書》本作"毅"，不作"類"，"類"爲"毅"之訛，指癡顚不聰明。

　　[523]【今注】建元五年：公元前 136 年。五年，大德本、殿本同，蔡琪本作"三年"。

　　[524]【今注】案，坐臨諸侯喪後，《史記・高祖功臣侯者年表》作"侯預坐臨諸侯喪後"。

　　[525]【今注】高胡：梁玉繩《史記志疑》認爲，在趙、魏之間。

　　[526]【今注】案，杠，蔡琪本、大德本同，殿本作"扛"。

　　[527]【今注】案，夏燮《校漢書八表》卷四，煬侯嗣位在文

帝五年（前175），則夫乞薨在四年，高祖六年（前201）即位，合二十六年。

　　[528]【今注】案，五年，大德本、殿本同，蔡琪本作"三年"。

　　[529]【今注】案，煬侯，《史記·高祖功臣侯者年表》作"殤侯"。

　　[530]【今注】厭次：縣名。治所在今山東德州市陵城區西南。周壽昌《漢書注校補》引本書《地理志上》有平原郡富平縣，應劭注云，東漢明帝時改名厭次。　　案，爰類，《史記·高祖功臣侯者年表》作"元頃"。

　　[531]【今注】慎：縣名。治所在今安徽潁上縣西北。

　　[532]【今注】廣武：城名。在今河南滎陽市東北廣武山上。

　　[533]【顏注】師古曰：以謹慎爲將也。

　　[534]【今注】案，三年，蔡琪本、大德本同，殿本作"二"。

　　[535]【顏注】師古曰：它，音徒何反。【今注】平皋：縣名。治所在今河南溫縣東北。　　劉它：項它。也作"項佗"。賜姓劉。

　　[536]【今注】案，漢六年（前201）以碭郡長初從，有誤。此人或即項它，據《史記》卷九五《樊酈滕灌列傳》，於漢四年以彭城降灌嬰，其間或逃，受楚封爲碭郡長，漢五年再次降漢（參見周聘《〈漢書高惠高后文功臣表〉考釋》，《古籍研究》2001年第2期）。

　　[537]【今注】軑侯：利蒼。位次一百二十。《史記·高祖功臣侯者年表》作"功比戴侯彭祖"。

　　[538]【今注】案，五百八十，蔡琪本、大德本同，殿本作"五千八百"。

　　[539]【顏注】師古曰：軑，音"大"，又音"第"。

　　[540]【今注】案，二十四，大德本同，蔡琪本、殿本作"三十四"。惠帝五年（前190）至文帝後元七年（前157），合三十四年。《史記·高祖功臣侯者年表》作"三十四年"。當據改。

[541]【今注】案，裏，大德本作“裹”，蔡琪本、殿本作“裹”。

[542]【今注】復陽：縣名。治所在今河北故城縣西南。

[543]【今注】案，二十三，大德本同，蔡琪本、殿本作“二十五”。

[544]【今注】元朔元年：公元前 128 年。

[545]【今注】案，彊，《史記·高祖功臣侯者年表》作“疆”。

[546]【今注】元狩二年：公元前 121 年。

[547]【今注】案，大德本同，此格下蔡琪本、殿本有“玄孫”二字。

[548]【今注】案，元始，蔡琪本、大德本同，殿本作“元朔”。

[549]【今注】雲陽：縣名。治所在今陝西淳化縣西北。

[550]【今注】陽河：縣名。王先謙《漢書補注》認爲，當作“陽阿”，治所在今山西陽城縣西北。 案，齊侯，《史記·高祖功臣侯者年表》作“齊哀侯”。

[551]【今注】中謁者：官名。漢九卿之一少府屬官，掌賓贊受事。秩六百石。

[552]【今注】高潮侯：陳夫乞。位在第八十二。

[553]【今注】案，十一月甲子，《漢書考證》齊召南云，當作“十月甲子”。復陽侯、陽阿侯以十月甲子封，柏至侯以十月戊辰封，“一”字當衍。

[554]【顏注】師古曰：垾音脾，又音婢。【今注】垾山：地名。馬孟龍《西漢侯國地理》認爲，在太行山以東。（第 320 頁）

[555]【今注】案，王先謙《漢書補注》據蘇輿説，自元鼎四年（前 113）至元封元年（前 110），當爲三年，“十”字衍。《史記·高祖功臣侯者年表》作“三年”。

[556]【今注】元封元年：公元前 110 年。

［557］【今注】征和三年：公元前 90 年。

［558］【今注】官大夫：秦漢二十等爵的第六等。

［559］【今注】柏至：地名。位置不詳。　案，許盆，《史記·高祖功臣侯者年表》作"許温"。

［560］【今注】駢鄰：武官名。漢代將軍屬官。　昌邑：縣名。治所在今山東鉅野縣南。

［561］【今注】説衞：武官名。軍隊扎營休息時擔任守衞。

［562］【顔注】師古曰：二馬曰駢。駢鄰，謂並兩騎爲軍翼也。説讀曰税。衞謂軍行初舍止之時主爲衞也。

［563］【今注】侯昌：武帝建元二年（前 139），許昌爲丞相。

［564］【今注】中水：縣名。治所在今河北獻縣西北。　案，嚴侯，《史記·高祖功臣侯者年表》作"莊侯"。

［565］【今注】好畤：縣名。治所在今陝西乾縣東好畤村。案，《史記·高祖功臣侯者年表》"從"後有"起"字。

［566］【今注】司馬：武官名。大將軍、將軍、校尉屬官。掌參贊軍務。

［567］【今注】案，瑕，《史記·高祖功臣侯者年表》作"假"。

［568］【今注】建元六年：公元前 135 年。

［569］【今注】元光元年：公元前 134 年。元年，大德本、殿本同，蔡琪本作"五年"。

［570］【今注】案，宜城，《史記·高祖功臣侯者年表》作"宜成"。

［571］【顔注】如淳曰："鬻"音"置"（置，蔡琪本、大德本、殿本作"署"）。師古曰：音之庶反。【今注】杜衍：縣名。治所在今河南南陽市西南。　案，鬻，《史記·高祖功臣侯者年表》作"翳"。

［572］【今注】中郎騎：武官名。《史記·高祖功臣侯者年表》作"郎中騎"。掌守護宮殿門户兼征伐。　案，二年，《史記·高祖

功臣侯者年表》作"三年"。王先謙《漢書補注》認爲，漢初但有郎中，無中郎。漢二年（前205）時，漢軍當未至下邳，應作"三年"。

[573]【今注】案，舍，《史記・高祖功臣侯者年表》作"翕"。

[574]【今注】案，《史記・高祖功臣侯者年表》"侯"前有"疆"字。

[575]【今注】赤泉：縣名。《史記》卷七《項羽本紀》司馬貞《索隱》認爲，即丹水縣，治所在今河南淅川縣西。范祖禹《讀史方輿紀要》認爲，在今河南魯山縣東北。

[576]【今注】杜：縣名。治所在今陝西西安市東南。

[577]【今注】復封：《史記》作"復封，絕"。

[578]【今注】案，八年薨，《史記・高祖功臣侯者年表》於高后二年復封後作"封二年，絕"。又稱其於孝文十四年復封。故其人祇是絕封，並非薨。八年，蔡琪本、大德本、殿本作"十八年"。自高后二年（前186）至文帝十一年（前169），合十八年，當據改。

[579]【今注】案，敷，《史記・高祖功臣侯者年表》作"殷"。

[580]【今注】臨汝：縣名。治所在今河南上蔡縣西南。

[581]【今注】案，子譚代，大德本同，蔡琪本、殿本"代"後有"復"字。

[582]【今注】朝陽：縣名。治所在今河南鄧州市東南。

[583]【今注】案，壬寅，《史記・高祖功臣侯者年表》作"丙寅"。

[584]【今注】案，夏燮《校漢書八表》卷四認爲，華寄高帝七年（前200）三月封，文侯安嗣位在高后元年（前187），則表中"十二"當作"十三"。

[585]【今注】孝文十四年：公元166年。

[586]【今注】元朔二年：公元前127年。

［587］【今注】奉明：縣名。治所在今陝西西安市西北。

［588］【今注】棘陽：縣名。治所在今河南南陽市南。

［589］【今注】案，丙申，蔡琪本、大德本同，殿本作“丙辰”。《史記·高祖功臣侯者年表》作“丙辰”。

［590］【今注】孝文六年：公元前 174 年。

［591］【今注】涅陽：縣名。治所在今河南鄧州市東北。案，吕騰，《史記·高祖功臣侯者年表》作“吕勝”。

［592］【今注】案，據《史記》卷七《項羽本紀》載，王翳取其頭，楊喜、吕馬童、郎中吕勝、楊武各得其一體。

［593］【今注】案，混，蔡琪本、大德本、殿本作“涅”。

［594］【今注】平棘：縣名。治所在今河北趙縣東南。 案，摯，《史記·高祖功臣侯者年表》作“執”。

［595］【今注】亢父：縣名。治所在今山東濟寧市南。

［596］【今注】案，置蜀守，《史記·高祖功臣侯者年表》作“署蜀守”。

［597］【今注】案，自高祖七年（前 200）至文帝四年（前 176）合二十五年。

［598］【今注】案，五年，《史記·高祖功臣侯者年表》作“八年”。

［599］【今注】項：縣名。治所在今河南沈丘縣。 圉：縣名。治所在今河南杞縣西南。王先謙《漢書補注》認爲，兩縣不可能合一，此處當有衍文。

［600］【今注】深澤：縣名。治所在今河北深澤縣。 案，趙將夕，《史記·高祖功臣侯者年表》作“趙將夜”。

［601］【今注】平城：縣名。治所在今山西大同市東北。

［602］【今注】案，十三，蔡琪本、大德本同，殿本作“二”。

［603］【今注】案，二年，蔡琪本、大德本同，殿本作“一年”。薨，《史記·高祖功臣侯者年表》作“絶”。夏燮《校漢書八表》卷四認爲，據《史記·高祖功臣侯者年表》將夕以高后二年

（前186）復封，封二年絕。文帝十四年（前166）復封，四年而薨，即孝文後元年（前163），與戴侯頭後二年之嗣相接，頭立八年薨，爲孝景二年，故脩以三年嗣。脩立七年有罪絕，爲孝景中二年（前148）。

［604］【今注】案，脩，《史記·高祖功臣侯者年表》作"循"。

［605］【今注】臾：縣名。地址不詳。

［606］【今注】案，夷胡侯，《史記·高祖功臣侯者年表》作"夷侯胡"。

［607］【顏注】師古曰：摰音"詢"，又音"旬"。疥，音"介"。【今注】摰：《史記·高祖功臣侯者年表》作"摰"，當據改。縣名。即枸邑縣。治所在今陝西旬邑縣東北。

［608］【今注】漢王四年：公元前202年。 曹咎：秦時任蘄縣獄掾。項羽部將。楚漢戰爭中，任項羽大司馬，封海春侯。公元前203年，守成皋，在氾水敗於漢軍，自殺。

［609］【今注】盧綰：《史記·高祖功臣侯者年表》作"盧奴"。王先謙《漢書補注》認爲當作"盧奴"。縣名。治所在今河北定州市。

［610］【今注】七年：王先謙《漢書補注》認爲，自文帝後七年（前157）至景帝四年（前153）祇有五年，此云"七年"，並不符合。施之勉《漢書集釋》按，文帝後元年至景帝四年，爲十一年，則前"七"字當作"元"，後"七"字當作"十一"二字。而侯何有罪國除，則"免"當爲"薨"。

［611］【今注】歷：縣名。治所在今河北景縣西南。《史記·高祖功臣侯者年表》作"磿"。

［612］【今注】衛將軍：以趙衛將軍漢王三年（前204）從起盧奴。本書卷四《文紀》載拜宋昌爲衛將軍。

［613］【今注】九十二：錢大昭《漢書辨疑》曰，九十二有王虞人，此當是九十七。《史記·高祖功臣侯者年表》作"九十三"，

非。夏燮《校漢書八表》卷四認爲，宋子惠侯許瘛位在第九十九，功比歷簡侯程黑，則當在第九十八。深澤侯趙將夕當在第九十七。

[614]【今注】案，薋，《史記・高祖功臣侯者年表》作「釐」。

[615]【今注】案，蔡琪本、大德本、殿本「罪」後有「免」字，當據補。

[616]【今注】元始五年：公元5年。

[617]【顏注】師古曰：肶，音「脅」，又音「怯」。【今注】武原：縣名。治所在今江蘇邳州市西北。

[618]【今注】漢七年：公元前200年。 梁：王國名。高祖五年（前202）彭越爲梁王。都定陶（今山東菏澤市定陶區西北）。

[619]【今注】案，周壽昌《漢書注校補》認爲，原文漢七年，以梁將軍從初起，擊韓信、陳豨、黥布。但此時韓信未反，故此「韓信」當作「韓王信」。

[620]【今注】高陵侯：王虞人。錢大昭《漢書辨疑》云：虞人在第九十二，衛肬在第九十三。《史記・高祖功臣侯者年表》「七年」作「四年」。 案，蔡琪本同，大德本、殿本「比」前有「功」字。

[621]【今注】案，十二年，《史記・高祖功臣侯者年表》作「十三年」。景帝三年（前154）至後二年（前142），共十三年。

[622]【今注】郭：縣名。即虢。治所在今陝西寶雞市陳倉區西。

[623]【顏注】師古曰：橐，音公老反。鐥，音口駭反。【今注】橐：縣名。治所在今山東鄒城市西南。王念孫《讀書雜志・漢書第二》認爲，「橐」當爲「橐」字之誤。祖，當依《史記・高祖功臣侯者年表》作「祗」。 案，鐥，《史記・高祖功臣侯者年表》作「錯」。

[624]【今注】案，帝，蔡琪本、大德本同，殿本作「祖」；代，蔡琪本、大德本同，殿本作「伐」。《史記・高祖功臣侯者年表》「將」後有「軍」字。

[625]【今注】案，三年，蔡琪本、大德本同，殿本作「二

年”。

[626]【今注】後五年：公元前 159 年。

[627]【今注】案，自文帝後五年（前 159）至元狩元年（前 122），合三十七年。

[628]【今注】案，夏燮《校漢書八表》卷四認爲，《史記·高祖功臣侯者年表》此句前有“不得千秋父”五字，下有“七”字。裴駰《集解》徐廣曰：“千秋父以元朔元年立。”元朔元年（前 128）之前一年爲元光六年（前 129），則與三十一年薨相合。此表脱這一世次。

[629]【顔注】師古曰：瘲，音充制反。【今注】宋子：縣名。治所在今河北趙縣東北。

[630]【今注】漢三年：公元前 204 年。　案，右林將，《史記·高祖功臣侯者年表》作“羽林將”。

[631]【今注】案，五百三十六户，《史記·高祖功臣侯者年表》作“五百四十户”。

[632]【顔注】師古曰：林將，將士林，猶言羽林之將也。

[633]【今注】案，二月，蔡琪本、大德本同，殿本作“三月”。

[634]【今注】案，留，《史記·高祖功臣侯者年表》作“不疑”。

[635]【今注】匈奴：古代北方部族，又稱“胡”。傳見本書卷九四。　塞外：古代指長城以北今内蒙古、甘肅、寧夏、河北以北地區。

[636]【顔注】師古曰：遬，古速字。【今注】猗氏：縣名。治所在今山西臨猗縣南。

[637]【今注】清：縣名。治所在今山東聊城市西。　室中同：王先謙《漢書補注》引徐廣説，“空”一作“室”。《索隱》以“室中”爲姓。《史記·高祖功臣侯者年表》作“空中”。

[638]【今注】代：梁玉繩《史記志疑》認爲，當作“定代”。

［639］【今注】彭侯：秦同。位在第七十。

［640］【今注】案，古，《史記·高祖功臣侯者年表》作“石”。

［641］【今注】案，襄，大德本同，蔡琪本、殿本作“裹”。

［642］【今注】彊：地名。不詳。　圍：《史記·高祖功臣侯者年表》作“簡”。　案，朌，《史記·高祖功臣侯者年表》作“勝”。

［643］【今注】案，羽，蔡琪本、大德本同，殿本作“籍”。

［644］【今注】案，章復，王先謙《漢書補注》云，其父名“章復”，則子不應名“復”。《史記·高祖功臣侯者年表》無“復”字。

［645］【今注】案，孝文三年，王先謙《漢書補注》云，《史記·高祖功臣侯者年表》載，孝文十三年（前167）爲侯復元年。孝文十五年，侯復有罪國除，是年爲侯復三年。故此處當作“十三年”。

［646］【今注】彭：王先謙《漢書補注》引錢坫説，“彭”即“祊”，古字通用。在今山東費縣方城。先屬東海郡，後屬泰山郡。其地先封秦同，後封劉彊。

［647］【今注】吳房：縣名。治所在今河南遂平縣。

［648］【今注】漢元年：公元前206年。　下邽：縣名。治所在今陝西渭南市東北。

［649］【今注】案，籍，蔡琪本、大德本同，殿本作“羽”。

［650］【今注】孝文十三年：公元前167年。

［651］【今注】案，孝景後三年，《史記·高祖功臣侯者年表》作“後元年”。夏燮《校漢書八表》卷四認爲，去疾以孝文十三年（前167）嗣，二十五年得罪，應在孝景後元年（前143）。當據《史記·高祖功臣侯者年表》改。

［652］【今注】甯：縣名。治所在今河北張家口市萬全區。

［653］【今注】案，四月辛卯，《史記·高祖功臣侯者年表》作“四月辛酉”。

[654]【今注】案，孝文十六年（前164）至孝文後元年（前163），合一年，當作"一年薨"。

[655]【今注】孝文後元年：夏燮《校漢書八表》卷四云，侯連嗣八年，應薨於孝文後七年，則指嗣於孝景元年。

[656]【今注】昌：縣名。治所在今山東諸城縣東南。　旅卿：《史記·高祖功臣侯者年表》作"盧卿"。王先謙《漢書補注》認爲，"旅"同"張"，即"盧"字。周壽昌《漢書注校補》則以盧、旅爲古今字。"旅"字當作"旅"。

[657]【今注】無鹽：縣名。治所在今山東東平縣東南。

[658]【今注】案，申，蔡琪本、大德本同，殿本作"辰"。

[659]【今注】案，亡，蔡琪本、大德本同，殿本作"無"。

[660]【顏注】師古曰：共，音"恭"。罷，音皮彼反，又讀曰"彼"（彼，蔡琪本、大德本、殿本作"皮"）。【今注】共：縣名。治所在今河南輝縣市。　罷師：周壽昌《漢書注校補》認爲，罷師爲人名，指息兵止戈。當讀如"霸"。

[661]【今注】案，《史記·高祖功臣侯者年表》"起"後有"臨淄"二字。

[662]【今注】案，百一十四，蔡琪本、大德本同，殿本作"百十四"。

[663]【今注】案，高，《史記·高祖功臣侯者年表》作"商"。

[664]【今注】案，襄，大德本同，蔡琪本、殿本作"裹"。

[665]【今注】閼氏：《史記》司馬貞《索隱》云"縣名，屬安定"。《地理志》安定郡有烏氏。縣名。治所在今寧夏固原市東南。梁玉繩《史記志疑》認爲，"閼氏"爲"閼於"之誤。　案，解散，《史記·高祖功臣侯者年表》作"解敢"。

[666]【今注】鴈門：郡名。治善無（今山西右玉縣東南）。

[667]【今注】案，將軍，《史記·高祖功臣侯者年表》作"特將"。

[668]【顏注】師古曰：大與，主爵禄之官。【今注】案，大與，《史記·高祖功臣侯者年表》作“太尉”。

[669]【今注】案，十三，蔡琪本、大德本同，殿本作“十二”。

[670]【今注】案，三十九，蔡琪本同，大德本、殿本作“二十九”。

[671]【顏注】師古曰：“説”讀曰“悦”。【今注】安丘：縣名。治所在今山東安丘市西南。

[672]【今注】方與：縣名。治所在今山東魚臺縣西。

[673]【今注】魏豹：戰國末年魏國公子。秦滅魏，立其兄魏咎爲魏王，被秦將章邯所敗。復攻魏地，自立爲魏王。項羽改封西魏王。被漢將周苛所殺。

[674]【今注】案，執盾，《史記·高祖功臣侯者年表》作“執被”。

[675]【今注】案，二千户，《史記·高祖功臣侯者年表》作“三千户”。

[676]【今注】案，十三年，大德本同，蔡琪本、殿本作“十二年”。文帝十三年（前167）至景帝二年（前155），合十三年。

[677]【今注】案，一年，大德本同，蔡琪本、殿本作“十年”。據下文四年康侯新嗣，則當以“一年”爲是。

[678]【今注】案，三十一年，大德本同，蔡琪本、殿本作“二十一年”。

[679]【今注】上林：漢代宫苑名。在今陝西西安市西南鄠邑區、周至縣。秦漢時皇帝游獵之所。

[680]【今注】案，蔡琪本、大德本、殿本“搏”前有“又”字。

[681]【顏注】師古曰：搏揜，謂搏擊揜襲人而揜其物（揜其，蔡琪本同，大德本、殿本作“奪其”；蔡琪本、大德本、殿本“物”後有“也”字）。搏字或作博。一曰博，六博也（大德本同，蔡琪本、殿本作“一曰六博也”）。揜，意錢之屬也，皆謂戲而取

人財也。

［682］【今注】襄平：縣名。其地不詳。

［683］【今注】案，城，《史記·高祖功臣侯者年表》作"成"。

［684］【今注】比平定侯：夏燮《校漢書八表》卷四認爲，當作"功比北平侯"。此位在第六十六，在北平侯張蒼之次，北平侯位第六十五。

［685］【今注】案，錢大昭《漢書辨疑》孝文元年（前179），紀通以誅諸呂定策，益封二千户。

［686］【今注】案，六十六，錢大昭《漢書辨疑》認爲，當作"五十六"。

［687］【今注】案，九年，蔡琪本、大德本、殿本作"十九"。自元朔元年（前128）至元封元年（前110）合十九年。

［688］【今注】案，元年，大德本、殿本同，蔡琪本作"九年"。

［689］【今注】案，亡，蔡琪本、大德本同，殿本作"無"。

［690］【今注】案，裛，大德本同，蔡琪本、殿本作"裹"。

［691］【今注】龍陽：縣名。治所在今山東泰安市東南。王先謙《漢書補注》據酈道元《水經注·汶水》泰山博縣有龍鄉故城，高帝封陳署爲侯國，則"陽"字當衍。《史記·高祖功臣侯者年表》作"龍"。

［692］【今注】案，九月，《史記·高祖功臣侯者年表》作"後九月"。 己未，蔡琪本、大德本同，殿本作"乙未"。

［693］【今注】平：縣名。治所在今四川彭州市西北。《史記·高祖功臣侯者年表》作"繁"。 案，張瞻師，《史記·高祖功臣侯者年表》作"彊瞻"。

［694］【今注】案，五年，《史記·高祖功臣侯者年表》作"三年"。

［695］【今注】吳房侯：楊武。位在第九十四。

［696］【顏注】師古曰：悍音黨。（黨，大德本同，蔡琪本、殿本作"黨"）

［697］【今注】案，元狩元年，《史記·高祖功臣侯者年表》作"中三年"。

［698］【今注】敏：錢大昭《漢書辨疑》認爲，"敏"當作"繁"。繁，古作"緐"。

［699］【顏注】如淳曰：《秦始皇本紀》所謂陸梁地也。【今注】陸量侯須無：《史記·高祖功臣侯者年表》作"陸梁侯須毋"。陸梁，秦時稱五嶺以南地區爲陸梁地。

［700］【今注】列諸侯：《史記·高祖功臣侯者年表》作"列侯"。列侯，秦漢二十等爵的最高一級（第二十級）。即徹侯，因避漢武帝劉徹諱，稱通侯或列侯。漢初以軍功封授，武帝時公孫弘以丞相得封。也有以外戚、恩澤而受封的。劉姓子孫封王者稱爲諸侯，其子弟分封後稱列侯。

［701］【今注】案，自置吏令長，《史記·高祖功臣侯者年表》作"自置吏"。

［702］【今注】長沙王：吳芮。都臨湘（今湖南長沙市）。

［703］【今注】案，三年，蔡琪本、大德本同，殿本作"二年"。

［704］【顏注】師古曰：秉鐸，武功爵第六級。【今注】酈陽：其地不詳。

［705］【今注】高景：《史記·高祖功臣侯者年表》作"高京"。王先謙《漢書補注》認爲是縣名。梁玉繩《史記志疑》引沈進士説，疑高爲封地，而景爲其謚號。本書《地理志上》沛郡有高縣。其地不詳。

［706］【今注】案，本書卷四二《周昌傳》作"以卒史從沛公"。

［707］【今注】孝文後五年：公元前 159 年。

[708]【今注】繩：繩水。在今山東淄博市東北，西北流至博興縣東南。

[709]【今注】元狩四年：公元前 119 年。四年，蔡琪本、大德本同，殿本作"五年"。

[710]【今注】案，大常，蔡琪本、大德本、殿本作"太常"。不繕園屋，《史記·高祖功臣侯者年表》作"不繕治園陵"。

[711]【今注】離：馬孟龍《西漢侯國地理》認爲，在今廣西桂林市（第 389 頁）。曹金華《後漢書稽疑》以爲在零陵郡漓水附近。

[712]【今注】楚漢春秋：書名。陸賈撰。載劉邦、項羽以及漢惠帝至文帝時事。已佚。清人茆泮林、黄奭等有輯本。

[713]【今注】光禄大夫：官名。光禄勳屬官。掌顧問應對。秩比二千石。　日旁占驗：觀察日暈以預測吉凶。本書《藝文志》有《漢日旁氣行事占驗》三卷、《漢日旁氣行占驗》十三卷。　滑堪：蔡琪本、大德本同，殿本作"滑湛"。　長沙將：周壽昌《漢書注校補》認爲，鄧弱以長沙王吳芮將兵爲侯，故"將"後當有一"將"字。

[714]【今注】義陵：縣名。治所在今湖南溆浦縣南。　案，吳郢，《史記·高祖功臣侯者年表》作"吳程"。

[715]【今注】案，重，《史記·高祖功臣侯者年表》作"種"。

[716]【今注】宣平：侯封號。　張敖：張耳之子。公元前 202 年，襲封爲趙王，娶魯元公主。公元前 200 年，被貶爲宣平侯。

[717]【今注】貫高：初從張耳爲客。張敖爲趙王，任趙相。漢八年（前 199），謀殺高祖。事泄自殺。

[718]【顏注】師古曰：張耳及敖並爲無大功，蓋以魯元之故，吕后曲升之也。

[719]【今注】案，夏燮《校漢書八表》卷四認爲，張偃以高后元年（前 187）封爲魯王，此處作"二年"，當爲"元年"之誤。

本書《張耳陳餘傳》載，張敖薨在高后六年，張偃封魯王時，張敖尚在，仍爲宣平侯。孝文元年（前179），張偃復爲南宮侯，則哀侯張歐嗣位，以張偃復封侯十五年推之，當爲孝文十六年（前164）。此哀侯行中"六"字上脱"十"字。張壬爲張歐之子，《史記·高祖功臣侯者年表》及《漢書》本傳俱作"生"。本傳以張生爲張偃之子，此表張壬爲張偃之孫，以罪除國，在武帝元光二年（前133）。三年，侯張廣以張壬之弟紹封，是張壬爲張偃之孫，張廣爲張壬之弟。

[720]【今注】案，六年，《史記·高祖功臣侯者年表》作"十六年"。

[721]【今注】案，侯壬，《史記·高祖功臣侯者年表》作"侯生"。清人沈登瀛《深柳堂文集》據本書《高惠高后文功臣表》，張偃薨後，子哀侯張歐嗣，張歐薨，子張生嗣，故張生是武侯張敖之曾孫。

[722]【今注】睢陵：縣名。治所在今江蘇泗洪縣東南。

[723]【今注】案，十八年，王先謙《漢書補注》認爲，當作"十七年"。

[724]【顏注】師古曰：祠事有闕也。

[725]【今注】案，王先謙《漢書補注》云，據本傳，侯慶忌紹封"宣平"。

[726]【今注】信都：縣名。治所在今河北衡水市冀州區。

[727]【今注】樂昌：縣名。治所在今河南南樂縣西北。

[728]【今注】東陽：縣名。治所在今山東武城縣東北。

[729]【今注】高祖六年：公元前201年。 中大夫：官名。漢九卿之一郎中令屬官。掌議論。秩比二千石。武帝太初元年（前104）改爲光禄大夫。

[730]【今注】河間：郡名。治樂成（今河北獻縣東南）。

[731]【今注】案，三，蔡琪本、大德本同，殿本作"二"。

[732]【顏注】如淳曰："慎"音"震"。師古曰：字本作

“滇”，音“真”，後誤作“慎”耳。滇陽，汝南縣名也。説讀曰悦。【今注】慎陽：縣名。治所在今河南正陽縣北。　案，樂説，《史記·高祖功臣侯者年表》作“樂説”。

[733]【今注】案，二千，蔡琪本、大德本同，殿本作“三千”。

[734]【今注】案，一年，蔡琪本、大德本同，殿本作“二年”。

[735]【今注】案，願，《史記·高祖功臣侯者年表》作“願之”。

[736]【今注】元狩五年：公元前 118 年。

[737]【今注】白金：漢代貨幣名。以銀和錫製作。武帝元狩四年鑄行。漢律規定盜鑄者皆死罪。

[738]【今注】開封：縣名。治所在今河南開封市南。

[739]【今注】青：陶青。景帝二年（前 155）爲丞相。

[740]【今注】案，中，蔡琪本、大德本同，殿本作“十”。

[741]【今注】案，元狩五年，《史記·高祖功臣侯者年表》作“元鼎五年”。錢大昭《漢書辨疑》認爲，“元狩”當作“元鼎”，當以“元鼎五年”爲是。

[742]【今注】案，大德本、殿本有“玄孫”二字，底本、蔡琪本無，當據補。

[743]【今注】禾成：王先謙《漢書補注》：“禾成”作“和城”。在今河北寧晉縣東北。　案，孫昔，《史記·高祖功臣侯者年表》作“孫耳”。

[744]【今注】案，五，大德本、殿本同，蔡琪本作“二”。

[745]【今注】堂陽：縣名。治所在今河北新河縣西北。

[746]【今注】上黨：郡名。治長子（今山西長子縣西南）。

[747]【今注】祝阿：縣名。治所在今山東濟南市西南。案，高色，《史記·高祖功臣侯者年表》作“高邑”。

[748]【今注】齮桑：邑名。治所在今江蘇沛縣西南。

[749]【今注】案，"上隊將"當作"二隊將"或"十隊將"。

[750]【今注】魏：指魏王豹。　大原：郡名。治晉陽（今山西太原市西南）。案，大原，蔡琪本、大德本、殿本作"太原"。井陘：關名。在今河北井陘礦區北井陘山上。又名"土門關"。

[751]【顏注】如淳曰：嚻桑，邑名。【今注】案，嚻度軍，《史記·高祖功臣侯者年表》作"以瓵度軍"，"瓵"即"嚻"。前當有"以"字。此處所擊爲魏豹，並非項羽。

[752]【今注】長脩：縣名。治所在今山西新絳縣西北。

[753]【今注】御史：官名。御史大夫屬官。由御史丞、御史中丞統領。掌文書典籍、監察百官。

[754]【今注】案，攻項昌，《史記·高祖功臣侯者年表》作"功比須昌侯"。據周壽昌《漢書注校補》，此表中所說，杜恬受封在高帝十一年（前196），封四年而薨，正是惠帝三年（前192）。但據本書《百官公卿表》載，杜恬以殷內史遷廷尉在惠帝三年，其後惠帝六年以宣義爲廷尉，則杜恬並非薨於惠帝三年。

[755]【今注】廷尉：官名。漢九卿之一。掌司法刑獄。秩中二千石。

[756]【今注】信平：縣名。治所在今河南淮陽縣東北。梁玉繩《史記志疑》說，"信平"爲封號，非地名。

[757]【今注】案，侯意，《史記·高祖功臣侯者年表》作"侯喜"。王念孫《讀書雜志·漢書第二》"喜"與"熹"古字通，而誤作"意"。

[758]【今注】陽平：縣名。治所在今山東莘縣。

[759]【今注】元封三年：公元前108年。

[760]【今注】大樂令：官名。九卿之一奉常屬官。掌國家祭祀伎樂。　案，擅縣，《史記·高祖功臣侯者年表》作"擅縣不如令"。

[761]【顏注】師古曰：罣可以爲鄭舞（罣，蔡琪本、大德本、殿本作"擇"），而擅從役使之，又闌出入關。

[762]【今注】江邑：侯國名。梁玉繩《史記志疑》認爲，江邑爲春秋時江國，漢汝南郡安陽。治所在今河南正陽縣南。

[763]【今注】周昌：傳見本書卷四二。

[764]【今注】案，十一月，《史記·高祖功臣侯者年表》作"正月辛未"。

[765]【今注】營陵：縣名。治所在今山東昌樂縣東南。　劉澤：傳見本書卷三五。

[766]【今注】王黃：韓王信部將。

[767]【今注】案，《史記·高祖功臣侯者年表》作"與高祖疏屬劉氏，世爲衛尉，萬二千户"。

[768]【今注】案，十五年，《史記·高祖功臣侯者年表》作"十四年"。

[769]【今注】案，七年，《史記·高祖功臣侯者年表》作"六年"。

[770]【今注】琅邪：郡名。治東武（今山東諸城市）。琅，蔡琪本、大德本同，殿本作"瑯"。

[771]【今注】土軍：縣名。治所在今山西石樓縣。　案，式侯，《史記·高祖功臣侯者年表》作"武侯"。此格右一格有"高后"二字，蔡琪本、大德本、殿本無。

[772]【今注】中地：郡名。武帝太初元年（前104）改爲右扶風。治長安（今陝西西安市西北）。

[773]【今注】案，據本書《百官公卿表》高祖十年（前197），宣義爲廷尉，陳豨謀反在高祖十一年。則宣義當以此年封侯。惠帝六年（前189），宣義又爲廷尉，其子莫在此年嗣位，則宣義當死於此年，並不曾爲燕相。

[774]【今注】信成：縣名。治所在今河北清河縣西北。

[775]【今注】案，三年，蔡琪本、大德本同，殿本作"二年"。

[776]【今注】案，玄玄孫，蔡琪本、大德本、殿本作"玄

孫”。　阿武：侯國名。治所在今河北獻縣西北。

[777]【今注】廣阿：縣名。治所在今河北隆堯縣東。　任
敖：傳見本書卷四二。

[778]【今注】案，籍，蔡琪本、大德本同，殿本作“羽”。

[779]【今注】敬：《史記·高祖功臣侯者年表》作“竟”。梁
玉繩《史記志疑》認爲，夷侯之子爲敬侯，其子不當以父之名爲
謚，故當作“竟”。

[780]【今注】須昌：縣名。治所在今山東東平縣西北。

[781]【今注】漢中：郡名。治西城（今陝西安康市西北）。

[782]【今注】案，雍軍塞渭上，《史記·高祖功臣侯者年表》
作“雍軍塞陳”。按本書《高祖紀》，漢元年五月，漢王引兵從故
道出襲雍王章邯。章邯迎擊於陳倉，兵敗。

[783]【今注】案，它，蔡琪本、大德本同，殿本作“他”。

[784]【今注】案，二，蔡琪本、大德本同，殿本作“三”。

[785]【今注】案，蔡琪本、殿本同，大德本“玄孫”後無
“之孫”二字。

[786]【今注】臨轅：梁玉繩《史記志疑》認爲，其地當近臨
轅關，在今河南偃師市東南。楊樹達《漢書窺管》以臨轅當作
“臨袁”。

[7872]【今注】蘄城：縣名。治所在今安徽宿州市東南。

[788]【今注】案，中，《史記·高祖功臣侯者年表》作“忠”。

[789]【顏注】師古曰：仕梁爲郎而有官大夫之爵也。【今注】
案，都，蔡琪本同，大德本、殿本作“郎”，當據改。

[790]【今注】汲：縣名。治所在今河南汲縣西南。　案，
紹，《史記·高祖功臣侯者年表》作“終”。

[791]【今注】案，千三百户，《史記·高祖功臣侯者年表》
作“千二百户”。

[792]【今注】案，趙大僕，《史記·高祖功臣侯者年表》作
“趙太傅”。

[793]【今注】案，乙酉，《史記·高祖功臣侯者年表》作"己巳"。

[794]【今注】孝惠二年：公元前193年。

[795]【今注】案，底本衍一"十"字。

[796]【今注】案，坐妻大逆，《史記·高祖功臣侯者年表》作"坐妻精大逆罪，頗連廣德"。

[797]【今注】五大夫：秦漢二十等爵的第九等。

[798]【今注】甯陵：縣名。治所在今河南商丘市西。

[799]【今注】留：縣名。治所在今江蘇沛縣東南。《史記·高祖功臣侯者年表》作"陳留"。

[800]【今注】成皋：縣名。治所在今河南滎陽市西。

[801]【今注】案，謝，《史記·高祖功臣侯者年表》作"射"。

[802]【今注】南陵：縣名。治所在今陝西西安市東南。

[803]【今注】汾陽：縣名。治所在今山西靜樂縣西。 案，靳，大德本同，蔡琪本、殿本作"靳"。

[804]【今注】案，前三年，《史記·高祖功臣侯者年表》作"前二年"。 櫟陽：縣名。治所在今陝西西安市臨潼區東北。

[805]【今注】江鄒：其地不詳。本書《百官公卿表》作"江都"。

[806]【今注】九年：武帝元鼎五年（前112）至太始四年（前93）共十九年，"九年"當作"十九年"。（參見袁延勝《〈漢書·高惠高后文功臣表〉辨誤四則》，《中國史研究》2012年第1期）

[807]【今注】大始四年：公元前93年。大始，即太始，漢武帝年號（前96—前93）。

[808]【今注】案，坐爲大常行幸離宮道橋苦惡，《史記·高祖功臣侯者年表》作"坐爲太常，行太僕事，治嗇夫可年，益縱年，國除"。

[809]【今注】案，閒，蔡琪本、大德本、殿本作"聞"。

[810]【今注】案，强，大德本同，蔡琪本、殿本作"彊"。

[811]【顏注】師古曰：今見有祕姓，讀如祕書，而韋昭妄爲音讀，非也。【今注】戴：地名。在今河南民權縣東。《史記·高祖功臣侯者年表》司馬貞《索隱》云，戴，地名，音再。王先謙《漢書補注》云，戴故國，後爲甾縣，屬梁國。則漢初有戴縣，後併入甾縣。　祕彭祖：《史記·高祖功臣侯者年表》作"彭祖"。司馬貞《索隱》云，"祕"《史記》諸本作"秋"。

[812]【今注】大公僕：爲劉邦之父太公駕車。

[813]【今注】中厩令：官名。掌皇帝車馬。

[814]【今注】案，千一百户，《史記·高祖功臣侯者年表》作"千二百户"。

[815]【今注】案，憚，《史記·高祖功臣侯者年表》作"悼"。

[816]【今注】案，夏燮《校漢書八表》卷四認爲，憚嗣位在高后三年（前185），安國嗣位在孝文八年（前172），則憚立十三年而薨，此處"十二"當作"十三"。

[817]【今注】案，三十八，蔡琪本、大德本、殿本作"四十八"。

[818]【今注】案，軹，《史記·高祖功臣侯者年表》作"安期"。

[819]【今注】案，五年，大德本同，蔡琪本、殿本作"四年"。

[820]【今注】後元年：後元元年，公元前88年。後元，漢武帝年號（前88—前87）。

[821]【今注】案，要，大德本同，蔡琪本、殿本作"腰"。

[822]【顏注】師古曰：盱，音況于反。【今注】衍：戰國魏邑。在今河南鄭州市北。又稱衍氏。周壽昌《漢書注校補》據《濟水注》認爲，"衍"當爲"延"，因音近而訛。

[823]【今注】燕：縣名。治所在今河南延津縣東北。

[824]【今注】案，七月己丑，《史記·高祖功臣侯者年表》

作“七月乙巳”。

[825]【今注】高后四年：公元前184年。

[826]【今注】案，一年，大德本同，蔡琪本、殿本作“二年”。

[827]【今注】案，三十四，蔡琪本、大德本、殿本作“四十四”。

[828]【今注】建元三年：公元前138年。

[829]【顏注】師古曰：詔書當奉持之，而挾以行，故爲罪也。

[830]【顏注】師古曰：姓昭涉，名掉尾也。音徒弔反。【今注】平州：邑名。治所在今山東萊蕪市南。　案，錢大昕《廿二史考異·漢書一》認爲，“涉”當作“沙”，以“昭沙”爲複姓。

[831]【今注】案，蔡琪本、大德本同，殿本“年”後無“薨”字。

[832]【今注】案，百一十一，蔡琪本、大德本同，殿本作“百十一”。

[833]【今注】案，種，《史記·高祖功臣侯者年表》作“福”。

[834]【今注】孝景後二年：景帝後元二年，公元前142年。

[835]【今注】馳道：古代皇帝車馬行駛的道路。

[836]【今注】案，趙，蔡琪本、大德本、殿本作“掉”。涪：縣名。治所在今四川綿陽市東。涪，蔡琪本、殿本同，大德本作“浩”。

[837]【今注】中牟：縣名。治所在今河南中牟縣東。　單右車：《史記·高祖功臣侯者年表》作“單父聖”。單父爲複姓。單，蔡琪本、殿本同，大德本作“軍”。

[838]【今注】案，二千二百户，《史記·高祖功臣侯者年表》作“二千三百户”。

[839]【今注】案，三，大德本同，蔡琪本、殿本作“二”。

[840]【今注】案，自文帝十三年（前167）下推三十七年，或自元鼎五年（前112）上數十八年，皆爲“元光五年”。

[841]【顏注】師古曰：邘，音鉅己反。【今注】邘：縣名。治所在今湖北宣城市北。　案，嚴侯，《史記·高祖功臣侯者年表》作"莊侯"。

[842]【今注】臨江將：共敖。臨江，都江陵（今湖北荆州市荆州區）

[843]【今注】案，夷侯榮成，《史記·高祖功臣侯者年表》作"慶侯榮盛"。

[844]【今注】案，後元五年，《史記·高祖功臣侯者年表》作"後五年"。

[845]【今注】案，掩，蔡琪本、大德本同，殿本作"揜"。

[846]【顏注】師古曰：摶字或作博，已解於上。【今注】案，坐掩摶奪公主馬，《史記·高祖功臣侯者年表》作"坐賣宅縣官故貴"。

[847]【今注】博陽：梁玉繩《史記志疑》認爲，"博陽"當作"傅陽"。《漢書考證》齊召南亦認爲，陳濞既封博陽，不當以一地兩封，故"博陽"當作"傅陽"。縣名。治所在今江蘇邳州市西北。

[848]【今注】案，隊率，大德本同，蔡琪本、殿本作"隊卒"。

[849]【今注】案，成，殿本同，蔡琪本、大德本作"城"。

[850]【今注】吳郡：治吳縣（今江蘇蘇州市）。

[851]【今注】案，《史記·高祖功臣侯者年表》"侯"字後有"千四百户"四字。

[852]【今注】案，孝景元年，《史記·高祖功臣侯者年表》作"中五年"。

[853]【今注】陽羨：《史記·高祖功臣侯者年表》作"陽義"。縣名。治所在今江蘇宜興市西南。

[854]【今注】荆：漢初侯國名。高祖六年（前201）封劉賈。都吳（今江蘇蘇州市）。

［855］【今注】陳公利幾：陳縣縣令利幾。楚人稱縣令爲公。

［856］【今注】案，一百十九，大德本、蔡琪本、殿本作“百一十九”。

［857］【今注】南和：縣名。治所在今河北南和縣。

［858］【顏注】師古曰：“泠”音“零”。【今注】下相：縣名。治所在今江蘇宿遷市西南。　案，嚴侯，《史記·高祖功臣侯者年表》作“莊侯”。

［859］【今注】田解：齊將。

［860］【今注】案，鉅，蔡琪本同，大德本作“距”，殿本作“拒”。

［861］【今注】案，順，《史記·高祖功臣侯者年表》作“慎”。

［862］【今注】案，三十三，大德本、蔡琪本、殿本作“二十三”。

［863］【今注】高陵：其地不詳。屬琅邪郡。　案，王虞人，《史記·高祖功臣侯者年表》作“王周”。

［864］【今注】漢王元年：公元前206年。　廢丘：縣名。治所在今陝西興平市東南。

［865］【今注】田橫：原爲齊國貴族。秦末，與其兄田儋起兵，重建齊國。秦亡後，自立爲齊王。

［866］【今注】案，侯弄弓，《史記·高祖功臣侯者年表》作“惠侯并公”。

［867］【今注】案，文帝十三年（前167）至景帝三年（前154），合十三年。

［868］【顏注】師古曰：賁音肥。【今注】案，蔡琪本、大德本、殿本“思”前有“期”字，當據補。期思，縣名。治所在今河南淮濱縣東南。

［869］【今注】淮南王英布：漢四年（前203）秋七月，立布爲淮南王。

［870］【今注】案，告反，《史記·高祖功臣侯者年表》作

"上書告布反"。

[871]【今注】案,二千户,《史記·高祖功臣侯者年表》作"二千户布盡殺其宗族"。

[872]【今注】案,梁玉繩《史記志疑》云,據本書《賈捐之傳》,有期思侯可爲諸曹,則並非因無後而國除。

[873]【今注】壽春:縣名。治所在今安徽壽縣。

[874]【顏注】師古曰:《灌嬰傳》云季必(季,蔡琪本、大德本、殿本作"李"),今此作季。表、傳不同,當有誤。【今注】戚:縣名。治所在今山東棗莊市西。　案,季必,《史記·高祖功臣侯者年表》作"李必"。

[875]【今注】案,千五百户,《史記·高祖功臣侯者年表》作"千户"。

[876]【今注】案,躁侯瑕,《史記·高祖功臣侯者年表》作"齊侯班"。

[877]【今注】案,侵神道,《史記·高祖功臣侯者年表》作"侵神道壖"。

[878]【顏注】師古曰:《刑法志》罪人獄已決,完爲城旦舂,滿三歲爲鬼薪白粲,一歲爲臣妾,一歲免爲庶子(子,蔡琪本、大德本、殿本作"人")。然則男子爲隸臣,女子爲隸妾也。

[879]【今注】穀陽:縣名。治所在今安徽固鎮縣。《史記·高祖功臣侯者年表》作"穀陵"。

[880]【今注】柘:縣名。治所在今河南柘城縣北。

[881]【今注】案,孝景二年,《史記·高祖功臣侯者年表》作"孝景三年"。

[882]【今注】案,卬,《史記·高祖功臣侯者年表》作"卯"。

[883]【今注】案,懿侯解中,《史記·高祖功臣侯者年表》作"獻侯解"。

[884]【今注】案,夏燮《校漢書八表》卷四認爲,懿侯以景帝五年(前152)嗣位,偃以武帝建元四年(前137)嗣位,懿侯

立十五年，故此處“十一”應作“十五”。十一，蔡琪本、大德本、殿本作“十二”。

[885]【今注】案，司，蔡琪本、大德本、殿本作“武”。

[886]【顏注】師古曰：猜，音千才反。【今注】案，嚴，《史記·高祖功臣侯者年表》作“壯”。許猜，《史記·高祖功臣侯者年表》作“許倩”。

[887]【今注】案，二年，《史記·高祖功臣侯者年表》“三年”。

[888]【今注】臨濟：在今河南封丘縣東。

[889]【今注】案，百一十二，蔡琪本、殿本同，大德本作“百十二”。

[890]【今注】案，煬，《史記·高祖功臣侯者年表》作“殤”。王先謙《漢書補注》認爲，當以“煬”爲是。

[891]【今注】平壽：縣名。治所在今山東昌樂縣東南。

[892]【今注】成陽：縣名。治所在今河南信陽市北。

[893]【今注】陽武：縣名。治所在今河南原陽縣東南。

[894]【今注】彭越：傳見本書卷三四。

[895]【今注】案，有罪要斬，《史記·高祖功臣侯者年表》作“侯信罪鬼薪，國除”。

[896]【今注】桃：邑名。即桃城，屬東郡。治所在今山東汶上縣東北。

[897]【今注】定陶：縣名。治所在今山東菏澤市定陶區西北。

[898]【今注】大謁者：官名。漢代稱謁者中比較尊貴者。漢初已置，掌傳宣詔命。

[899]【今注】案，淮南，《史記·高祖功臣侯者年表》作“淮陰”。

[900]【今注】案，項氏親，《史記·高祖功臣侯者年表》作“項氏親也，賜姓”。

[901]【今注】案，十年，蔡琪本、大德本、殿本作“二年”。

　　［902］【今注】案，懿侯舍，《史記·高祖功臣侯者年表》作"哀侯舍"。

　　［903］【今注】案，由，《史記·高祖功臣侯者年表》作"甲"。

　　［904］【今注】高梁：縣名。治所在今山西臨汾市東北。梁玉繩《史記志疑》認爲，據本書《酈食其傳》，高祖封其子疥爲高梁侯，後更食武陽。武陽，梁玉繩認爲，當作"武遂"。

　　［905］【今注】食其：酈食其。傳見本書卷四三。

　　［906］【今注】案，二月，《史記·高祖功臣侯者年表》作"三月"。

　　［907］【今注】案，免，《史記·高祖功臣侯者年表》作"當死，病死，國除"。　衡山：王國名。都邾（今湖北黄岡市北）。

　　［908］【今注】紀：其地不詳。梁玉繩《史記志疑》認爲，疑封紀侯，"信"字衍，或指信、匡爲謚號。錢穆《史記地名考》説，紀信爲人名，表將紀信封國置陳倉條上。周壽昌《漢書注校補》認爲，紀信非地名，而是人名。即漢三年滎陽之圍，代高祖而死的紀信。轉寫時脱去封國，僅留姓名。

　　［909］【今注】盧綰：傳見本書卷三四。

　　［910］【今注】案，二十二，大德本同，蔡琪本、殿本作"二十三"。

　　［911］【今注】案，侯煬，《史記·高祖功臣侯者年表》作"侯陽"。

　　［912］【今注】孝景二年：據《史記·高祖功臣侯者年表》載"（景帝）三年，陽反，國除"，紀侯陳煬或此年因參與七國之亂而被誅。（袁延勝：《〈漢書·高惠高后文功臣表〉辨誤四則》，《中國史研究》2012 年第 1 期）

　　［913］【今注】案，蒼，蔡琪本、大德本同，殿本作"倉"。

　　［914］【今注】景：梁玉繩《史記志疑》認爲，在景城，屬渤海郡，治所在今河北滄州市西。景，《史記·高祖功臣侯者年表》作"甘泉"。

［915］【今注】車司馬：官名。掌率戰車作戰。

［916］【今注】劉賈：劉邦從兄。封荆王。

［917］【顏注】師古曰：粘亦黏字。【今注】案，真粘，《史記·高祖功臣侯者年表》作"莫摇"。

［918］【顏注】師古曰：嬹，音許孕反。【今注】案，嬹，《史記·高祖功臣侯者年表》作"嫖"。

［919］【今注】張：縣名。治所在今河北邢臺市東北。 案，毛釋之，《史記·高祖功臣侯者年表》作"毛澤"。

［920］【今注】案，中涓，《史記·高祖功臣侯者年表》作"中涓騎"。

［921］【今注】案，郎騎，《史記·高祖功臣侯者年表》作"郎將"。

［922］【今注】案，侯鹿，《史記·高祖功臣侯者年表》作"夷侯慶"。

［923］【今注】案，二十三，蔡琪本、大德本同，殿本作"一十三"。

［924］【今注】孝景中六年：景帝中元六年，公元前144年。

［925］【今注】甄襄：邑名。治所在今山東東明縣南。 案，端侯革朱，《史記·高祖功臣侯者年表》作"靖侯赤"。

［926］【今注】案，越將，《史記·高祖功臣侯者年表》作"郎將"。

［927］【今注】案，侯昌嗣位在景帝中二年，則康侯式薨於中元年。自文帝二年至景帝中元年爲三十年，則"二十一年"當作"三十一年"。《史記·高祖功臣侯者年表》"式"作"武"。

［928］【今注】案，蔡琪本、大德本、殿本"孝"後有"景"字，當據補。

［929］【今注】傿陵：縣名。治所在今河南鄢陵縣西北。又作"鄢陵"。

［930］【今注】案，二千七百户，《史記·高祖功臣侯者年表》

作“七百户”。

[931]【今注】案，十一，大德本同，蔡琪本、殿本作“十二”。

[932]【今注】鹵：鹵城縣。治所在今山西繁峙縣東北。案，嚴侯，《史記·高祖功臣侯者年表》作“莊侯”。

[933]【今注】案，中尉，《史記·高祖功臣侯者年表》作“中涓”。　單父：縣名。治所在今山東單縣南。

[934]【今注】南陽：郡名。治宛縣（今河南南陽市宛城區）。

[935]【今注】案，錢大昭《漢書辨疑》認爲，當作“百三十七人”。自平陽侯曹參至鹵嚴侯張平爲一百三十七人。

[936]【今注】外戚：本書《外戚恩澤侯表》。

[937]【今注】王子：本書《王子侯表》

[938]【今注】案，前文作“侯者百三十七人”，另加外戚二人、王子四人，故共一百四十三人。

便頃侯吳淺[1]	軑侯黎朱蒼[4]
以父長沙王功侯，二千户。	以長沙相侯，[5]七百户。
元年九月癸卯封，三十七年薨。[2]	二年四月庚子封，八年薨。
百三十三	百二十
孝文後七年，共侯信嗣，六年薨。	高后三年，孝侯豨嗣，二十一年薨。
孝景六年，侯廣志嗣。	孝文十六年，彭祖嗣，[6]二十四年薨。
侯千秋嗣，元鼎五年，坐酎金免。	侯扶嗣，[7]元封元年，坐爲東海太守行過擅發卒爲衞，[8]當斬，會赦，免。
編[3] 元康四年，淺玄孫長陵上造長樂詔復家。	玄孫 江夏[9]

	平都孝侯劉到[11]
	以齊將高祖三年定齊降,[12]侯,千户。
	五年六月乙亥封,十三年薨。
	百一十[13]
六世 元康四年,蒼玄孫之子竟陵簪裏漢詔復家。[10]	孝文三年,侯成嗣,三十五年,孝景後二年,[14]有罪,免。
	元康四年,到曾孫長安公乘如意詔復家。

右孝惠三人。

[1]【今注】便：縣名。治所在今湖南永興縣。

[2]【今注】案，三十七，蔡琪本、殿本同，大德本作“二十七”。

[3]【今注】編：縣名。治所在今湖北荆門市西北。

[4]【顔注】師古曰：軑，音“大”，又音“第”（第，蔡琪本、大德本同，殿本作“弟”）。【今注】軑：縣名。治所在今河南光山縣西北。 案，黎朱蒼，《史記·惠景間侯者年表》作“利倉”。

[5]【今注】長沙相：長沙國丞相。高祖五年（前202），封吳芮爲長沙王，治臨湘（今湖南長沙市）。

[6]【今注】案，彭祖嗣，《史記·惠景間侯者年表》作“侯彭祖”。

[7]【今注】案，扶，《史記·惠景間侯者年表》作“秩”。

[8]【今注】案，行過，《史記·惠景間侯者年表》作“行過不請”。

[9]【今注】江夏：郡名。治西陵縣（今湖北武漢市新洲區西）。

[10]【今注】竟陵：縣名。治所在今湖北潛江市西北。

[11]【今注】平都：縣名。治所在今陝西子長縣西南。

[12]【今注】高祖三年定齊降：公元前204年，韓信平定項羽所封三齊王（田都、田安、田市）。《史記·惠景間侯者年表》作“高祖三年降定齊”。

[13]【今注】案，百一十，錢大昭《漢書辨疑》認爲，前文亦作“百一十”，此處或有訛字。

[14]【今注】孝景後二年：公元前142年。

南宮侯張買[1]	栒齊侯陽城延[5]
以父越人爲高祖騎將從軍，以中大夫侯。[2]	以軍匠從起郟，[6] 入漢，後爲少府，[7] 作長樂、未央宮，[8] 築長安城先就，[9] 侯。五百户[10]
元年四月丙寅封。	四月乙酉封，六年薨。
侯生嗣，孝武初有罪，爲隸臣。萬六千六百户。[3]	七十六
	七年，敬侯去疾嗣，三十四年薨。
	孝景中二年，[11] 靖侯偃嗣，十五年薨。
	元光三年，侯戎奴嗣，十四年，元狩五年，坐使人殺季父，[12] 棄市。户三千三百。
北海[4]	玄孫

	平定敬侯齊受[14]	
	以卒從起留，以家車吏入漢，以驍騎都尉擊項籍，[15]得樓煩將，[16]用齊丞相侯。[17]	
	四月乙酉封，九年薨。	
	五十四	
六世 元康四年，延玄孫之子梧公上注詔復家。[13]	孝文二年，齊侯市人嗣，四年薨。	
	六年，共侯應嗣，四十一年薨，亡後。	
	元光二年，康侯延居嗣，八年薨。[18]十四年。[19]	
	元鼎二年，[20]侯昌嗣，二年，元鼎二年，[21]有罪免。	元康四年，受玄孫安平大夫安德詔復家。[22]

博成敬侯馮無擇[23]	沅陵頃侯吳陽[29]
以悼武土郎中從高祖起豐,[24]攻雍,[25]共擊項籍,力戰,奉悼武王出滎陽,侯。[26]	以父長沙王功侯。
四月己丑封,[27]三年薨。	七月丙申封,[30]二十五年薨。
	百三十六
四年,侯代嗣,八年,坐吕氏誅。[28]	孝文後二年,頃侯福嗣,十七年薨。
	孝景中六年,[31]哀侯周嗣,薨,亡後。

中邑貞侯朱進[32]	樂平簡侯衛毋擇[35]	山都貞侯王恬啓[40]
以執矛從入漢,[33]以中尉破曹咎,用呂相侯,六百户。[34]	以隊率從起沛,屬皇訴,[36]以郎擊陳餘,用衞尉侯,[37]六百户。	漢五年爲郎中柱下令,以衞將軍擊陳豨,用梁相侯。[41]
四年四月丙申封,二十二年薨。	四月丙申封,三年薨。[38]	四月丙申封,八年薨。
孝文後二年,侯悼嗣,二十一年,孝景後三年,有罪,免。	六年,共侯勝嗣,四十一年薨。	孝文四年,憲侯中黃嗣,[42]二十三年薨。
	孝景後三年,侯侈嗣,六年,建元六年,坐買田宅不法,[39]有請賕吏,死。	孝景四年,敬侯觸龍嗣,二十三年薨。[43]
		元狩五年,侯當嗣,八年,封元年,[44]坐闌入甘泉上林,[45]免。

祝茲夷侯徐厲[46]	成陰夷侯周信[50]
以舍人從沛,[47] 以郎中入漢,還,得雍王邯家屬,用常山丞相侯。[48]	以卒從起單父,爲呂后舍人,度呂后,爲河南守,[51] 侯,五百户。[52]
四月丙申封,十一年薨。	四月丙申封,十六年薨。
孝文七年,[49] 康侯悼嗣,二十九年薨。	孝文十二年,侯勃嗣,十五年,有罪,免。
孝景中六年,侯偃嗣,九年,建元六年,有罪,免。	

俞侯吕它[53]	醴陵侯越[56]
父嬰以連敖從高祖破秦，入漢，以都尉定諸侯，功比朝陽侯，[54]死事，子侯。	以卒從，漢二年起櫟陽，以卒吏擊項羽，[57]爲河内都尉，[58]用長沙相侯，六百户。
四月丙申封，四年，坐吕氏誅。[55]	四月丙申封，八年，孝文四年，有罪，免。

右高后十二人。扶柳、襄城、軑、壺關、昌平、贅其、騰、昌成、腄、祝兹、建陵十一人在《恩澤》《外戚》，洨、沛、信都、樂昌、東平五人隨父，上邳、朱虛、東牟三人在《王子》，凡三十一人。[59]

[1]【今注】南宮：縣名。治所在今河北南宮縣西北。屬信都，並非屬北海。據《史記》卷九《吕后本紀》載，吕后元年（前187）封張買爲南宮侯。

[2]【今注】案，中大夫，《史記·惠景閒侯者年表》作“大中大夫”。

[3]【今注】案，《史記·惠景閒侯者年表》無此一代。王先謙《漢書補注》認爲，《史記·惠景閒侯者年表》載高后八年，侯買坐吕氏事被誅，國除。文帝以南宮封張敖子張偃。錢大昭《漢書辨疑》認爲，張生是張偃之孫，爲南宮侯，並非張買之後。夏燮《校漢書八表》卷四認爲，張敖之子張偃，高后元年封魯王，張買封南宮侯。八年，張買因吕后事被誅國除，後以南宮侯封張偃。張偃之子爲張歐，張歐之子爲張生，於武帝元光二年（前133）國除。底本、大德本位於此格，蔡琪本、殿本位於下一格。

[4]【今注】北海：郡名。治營陵（今山東昌樂縣東南）。馬孟龍《西漢侯國地理》稱，景帝中六年（前144）由廣川國遷往北海郡（第407頁）。

[5]【今注】栢：縣名。治所在今安徽淮北市東北。栢，蔡琪本、大德本、殿本作“梧”。　案，陽城延，《史記·惠景閒侯者年表》作“陽成延”。

[6]【今注】軍匠：軍中率領工匠的官吏。　郟：縣名。治所在今河南郟縣。

[7]【今注】少府：官名。掌山海池澤税收和皇室衣食起居等。秩中二千石。

［8］【今注】長樂：西漢宫名。故址在今陝西西安市西北漢長安故城東南。　未央：西漢宫名。故址在今陝西西安市西北漢長安故城西南。

［9］【今注】長安城：漢朝都城。在今陝西西安市西北。

［10］【顏注】師古曰：郟，潁川之縣也，音"夾"。【今注】案，《史記·惠景閒侯者年表》"侯"後有"五百史"。

［11］【今注】案，二，蔡琪本、大德本、殿本作"三"。

［12］【今注】季父：叔父。

［13］【今注】案，上，蔡琪本、大德本、殿本作"士"。

［14］【今注】平定：縣名。治所在今陝西府谷縣西北。據本書《地理志下》，西河郡有平定縣，治所在今内蒙古准格爾旗西南。但西河郡置於武帝元朔四年（前 125），梁玉繩《史記志疑》引《漢表舉正》據齊受玄孫安德爲安平大夫，認爲平定疑是涿郡的安平縣。馬孟龍《西漢侯國地理》認爲，此平定當在齊地。案，底本此處漫漶不清，據蔡琪本、大德本、殿本補。

［15］【今注】驍騎都尉：武官名。掌領騎兵作戰。

［16］【今注】樓煩將：漢代對善騎射將領的稱呼。（參見張宗品《〈日知録〉"樓煩"條考辨》，《古典文獻學論叢》2010 年第 1 輯）

［17］【顏注】師古曰：家車吏，王（王，蔡琪本、大德本、殿本作"主"）漢王之家車，非軍國所用。

［18］【今注】案，八年，朱一新《漢書管見》説當作"十八年"。今案，自武帝元光二年（前 133）至元鼎元年（前 116），合十八年，當據改。

［19］【今注】案，蔡琪本、大德本、殿本無"十四年"三字。

［20］【今注】案，二，蔡琪本、大德本、殿本作"四"。

［21］【今注】案，二，蔡琪本、大德本同，殿本作"六"。據在位二年合是元鼎四年。

［22］【今注】案，德，蔡琪本、大德本同，殿本作"惠"。

［23］【今注】博成：馬孟龍《西漢侯國地理》認爲，即泰山

郡博縣（第 400 頁）。治所在今山東泰安市東南。

[24]【今注】案，土，蔡琪本、大德本、殿本作"王"。

[25]【今注】雍:《史記·惠景閒侯者年表》作"雍丘"。梁玉繩《史記志疑》認爲，疑當作"雍兵"，即章邯所率的秦兵。

[26]【顏注】師古曰:悼武王，高后兄，周呂侯呂澤也，高后追尊曰悼武王。【今注】案，榮，殿本同，蔡琪本、大德本作"熒"。

[27]【今注】案，四月己丑，《史記·惠景閒侯者年表》作"四月乙酉"。

[28]【今注】案，坐呂氏誅，《史記·惠景閒侯者年表》作"坐呂氏事誅"。

[29]【顏注】師古曰:沅音元。【今注】沅陵:縣名。治所在今湖南沅陵縣南。

[30]【今注】案，七月丙申，《史記·惠景閒侯者年表》作"十一月壬申"。

[31]【今注】案，六，蔡琪本、大德本、殿本作"五"。自文帝後二年（前 162）下推十七年，合景帝中五年（前 145），當據改。

[32]【今注】中邑:縣名。治所在今河北滄州市東北。　案，朱進，《史記·惠景閒侯者年表》作"朱通"。

[33]【今注】執矛:屬吏名。掌持矛護衛。

[34]【顏注】師古曰:爲呂王之相也。（大德本、殿本同，蔡琪本"爲"後無"呂"字）

[35]【今注】樂平:縣名。治所在今山東聊城市西南。西漢時爲清縣，東漢改爲樂平縣。　案，衞毋擇，《史記·惠景閒侯者年表》作"衞無擇"。

[36]【今注】皇訢:秦末魏將。與劉邦攻昌邑。又作"皇欣"。

[37]【今注】衞尉:官名。掌宮門守衛。

　　［38］【今注】案，三，蔡琪本、殿本同，大德本作“二”。

　　［39］【今注】買田宅不法：武帝時期禁止豪强田宅逾制（參見賈麗英《漢代“名田宅制”與“田宅逾制”論説》，《史學月刊》2007 年第 1 期）。

　　［40］【今注】山都：縣名。治所在今湖北襄陽市西北。　案，自，大德本同，蔡琪本、殿本作“貞”。　案，王恬啓，《史記·惠景閒侯者年表》作“王恬開”。

　　［41］【顔注】師古曰：柱下令，今主柱下書史也。【今注】梁：漢初諸侯國。漢高祖五年（前 202）封彭越爲梁王。都定陶（今山東菏澤市定陶區西北）。

　　［42］【今注】案，憲，《史記·惠景閒侯者年表》作“惠”。

　　［43］【今注】案，自景四年至元狩四年，當作“三十五年”。《史記·惠景閒侯者年表》作“三十五年”。

　　［44］【今注】案，大德本同，蔡琪本、殿本“封”前有“元”字。

　　［45］【今注】坐闌入甘泉上林：《史記·惠景閒侯者年表》作“坐與奴闌入上林苑”。甘泉，漢宫名。在今陝西淳化縣西北甘泉山。

　　［46］【今注】祝兹：《史記·惠景閒侯者年表》作“松兹”。縣名。治所在今安徽宿松縣東北。

　　［47］【今注】案，《史記·惠景閒侯者年表》“從”後有“起”字。

　　［48］【今注】常山：楚漢戰争時王國名。項羽封張耳，都襄國（今河北邢臺市）。

　　［49］【今注】孝文七年：王先謙《漢書補注》認爲，當爲後七年。據本書卷四《文紀》，孝文後六年（前 158），徐厲尚爲將軍，未薨。若徐厲薨於文帝後七年，則上文“十一年”當爲“二十七年”，下文“二十九年”亦當改作“十三年”。

　　［50］【今注】案，成陰，《史記·惠景閒侯者年表》作“成陶”。馬孟龍《西漢侯國地理》據《後漢書稽疑》疑“成”爲“武”之訛，即本書《地理志》鉅鹿郡之武陶。《史記志疑》以爲

成陰即高密。

[51]【今注】案，度吕后，《史記·惠景閒侯者年表》作"度吕后淮之功"。　河南：郡名。治洛陽縣（今河南洛陽市東北）。

[52]【顏注】師古曰：時有寇難，得度於水，因以免也。

[53]【顏注】如淳曰："俞"音"輸"。【今注】俞：縣名。治所在今山東平原縣西南。

[54]【今注】朝陽侯：華寄，高祖七年（前200）封，位次六十九。《史記·惠景閒侯者年表》載，嬰死，其子它以太中大夫侯。案，梁玉繩《史記志疑》云，"功比朝陽侯"一句，《高祖功臣表》中所謂功比某侯，是指高后二年（前186）陳平所定位次而言。而吕它以其父吕嬰死後襲封，在高后四年，已經在陳平定位次之後。則吕它的功勞並不能與華寄相比，當是高后時大臣虛誇。

[55]【今注】案，四年坐吕氏誅，《史記·惠景閒侯者年表》作"八年，侯它坐吕氏事誅，國除"。

[56]【今注】醴陵：侯國名。治所在今湖北松滋市東北。

[57]【今注】卒吏：郡屬吏名。（參見楊天宇《關於漢代的卒吏、卒史與假吏——從〈儀禮·士冠禮〉中一條鄭注談起》，《陝西歷史博物館館刊》2013年第10輯）

[58]【今注】河内：郡名。治懷縣（今河南武陟縣西南）。

[59]【顏注】師古曰：腄，音直瑞反。浹，音"交"，又音下交反。【今注】三十一：梁玉繩《史記志疑》認爲，"三十一"爲高后時所封侯數，而又有封吕禄爲胡陵侯，蕭何之妻爲酇侯，蕭延爲筑陽侯、吕嬰爲臨光侯、劉信之母爲陰安侯，應當爲三十六侯。

陽信夷侯劉揭[1]	壯武侯宋昌[6]
高祖十三年爲郎,[2]以典客奪吕祿印,[3]閉殿門止産等,共立皇帝,[4]侯,二千户。	以家吏從高祖起山東,[7]以都尉從滎陽,食邑,以代中尉勸王,[8]驂乘入即帝位,[9]侯,千四百户。
元年十一月辛丑封,[5]十四年薨。	四月辛亥封,三十三年,孝景中四年,有罪,奪爵一級,爲關内侯。
十五年,侯中意嗣,十四年,孝景六年,有罪,免。	

樊侯蔡兼[10]	沶陵康侯魏騔[17]
以睢陽令高祖初從阿,[11]以韓家子還定北地,[12]用常山相侯,千二百户。[13]	以陽陵君侯。[18]
六月丙寅封,十四年薨。	七年三月丙寅封,[19]十二年薨。亡後。
十五年,康侯客嗣,十八年薨。[14]	
孝景中二年,共侯平嗣,二十一年薨。[15]	
元朔二年,侯辟方嗣,元鼎四年,坐搏揜,完爲城旦。[16]	

南邔侯起[20]	黎頃侯召奴[23]
以信平君侯。	以父齊相侯。[24]
二月丙寅封,[21]坐後父故削爵一級,爲關内侯。[22]	十年四月癸丑封,十一年薨。
	後五年,侯潰嗣,[25]三十五年薨。
	元朔五年,侯延嗣,十九年,元封六年,[26]坐不出持馬,要斬。户千八百。[27]

缾侯孫單[28]	弓高壯侯韓隤當[30]
父卬以北地都尉匈奴入力戰死事,[29]子侯。	以匈奴相國降,[31]侯。故韓王子。[32]
十四年三月丁巳封,十二年,孝景前三年,坐反,誅。	十六年六月丙子封。
	不得子嗣侯者年名。
	五朔五年,[33]侯則嗣,薨,亡後。
	營陵

龍頟[34] 元朔五年四月丁未，侯譿以都尉擊匈奴得王，[35]侯，十二年，[36]元鼎五年，坐酎金免。[37]	按道[38] 元封元年五月已卯，[39]愍侯說以橫海將軍擊東越，[40]侯，十九年，[41]爲衞大子所殺。[42]
	延和三年，[43]侯興嗣，[44]四年，坐祝詛上，要斬。
	齊[45]

後元元年，侯曾以興弟紹封龍額，^[46]三十一年薨。^[47]	
五鳳元年，^[48]恩侯寶嗣，^[49]鴻嘉元年薨，^[50]亡後。	元封元年，^[51]節侯共以寶從父昆弟紹封。

	襄城哀侯韓嬰[54]	故安節侯申屠嘉[61]
	以匈奴相國降，侯二千户。[55]韓王信大子之子。[56]	孝文二年舉淮陽守，[62]從高祖功，食邑五百户，用丞相侯。[63]
	六月丙子封，七年薨。	後三年四月丁巳封，七年薨。
六世 侯敞嗣，[52]王莽敗，[53]絕。	後七年，[57]侯釋之嗣三十一年，[58]元朔四年，坐詐疾不從，[59]耐爲隸臣。	孝景前三年，侯共嗣，[64]二十二年薨。
		清安[65] 元狩三年，[66]侯臾更封，[67]五年，元鼎元年，坐爲九江大守受故官送，[68]免。
	魏[60]	

　　右孝文十人。軹、鄗、周陽三人在《外戚》,^[69]管、氏營丘、營平、陽虚、楊丘、朸、安都、平昌、武成、白石、阜陵、安陽、陽周、東城十四人在《王子》,^[70]凡二十七人。^[71]

[1]【今注】陽信：縣名。治所在今山東無棣縣北。

[2]【今注】高祖十三年：公元前 195 年。《史記·惠景閒侯者年表》作"高祖十二年"。

[3]【今注】典客：官名。掌接待少數民族等事務。秩中二千石。　案,奪吕禄印,《史記·惠景閒侯者年表》作"奪趙王吕禄印"。

[4]【今注】案,共立皇帝,《史記·惠景閒侯者年表》作"共尊立孝文"。

[5]【今注】案,元年十一月辛丑,《史記·惠景閒侯者年表》作"元年三月辛丑"。

[6]【今注】壯武：縣名。治所在今山東即墨市西。

[7]【今注】山東：戰國秦漢稱華山或崤山以東爲山東。

[8]【今注】王：文帝劉恒,當時爲代王。

[9]【今注】驂乘：古代乘車時,尊者在左,駕車者居中,另有一人在右陪乘,以守護尊者,並防止車輛傾翻。

[10]【今注】樊：縣名。治所在今山東濟寧市東。

[11]【今注】睢陽：縣名。治所在今河南商丘市睢陽區。阿：戰國齊邑。在今山東陽穀縣東北。又作"柯"。

[12]【今注】北地：郡名。治義渠（今甘肅寧縣西北）。

[13]【顔注】師古曰：本六國時韓家之諸子也,後更姓蔡也。

[14]【今注】案,此條底本、蔡琪本、大德本在此格,殿本位於下一格。

[15]【今注】案,此條底本、蔡琪本、大德本在此格,殿本

位於下一格。

［16］【今注】案，此條底本、蔡琪本、大德本在此格，殿本
位於下一格。

［17］【顏注】晉灼曰：浽，古恬字。師古曰：音直夷反。【今
注】案，浽陵，《史記·惠景閒侯者年表》作"波陵"。馬孟龍
《西漢侯國地理》認爲，《水經注·沔水》有浽水，在襄樊西，疑
在此地。

［18］【今注】陽陵：地名。馬孟龍《西漢侯國地理》認爲，
在今河南許昌市西北。又可參考晏昌貴《里耶秦簡所見的陽陵與遷
陵》（《中國歷史地理論叢》2006 年第 4 輯）。

［19］【今注】案，七年三月丙寅，《史記·惠景閒侯者年表》
作"七年三月甲寅"。

［20］【顏注】師古曰：郎音貞。説者云當爲鄭，非也。【今
注】南郎：地名不詳。

［21］【今注】案，二，大德本同，蔡琪本、殿本作"三"。

［22］【顏注】師古曰：會於廷中而隨父，失朝廷以爵之序，
故削爵也。【今注】坐後父：周壽昌《漢書注校補》認爲，起因爵
位尊貴，行走時在其父之前，使其父在後，故云後父。

［23］【顏注】師古曰：召平之子也。召讀曰邵。【今注】黎：
縣名。治所在今山東鄆城市西。

［24］【今注】以父齊相：召平爲齊哀王劉襄國相。

［25］【今注】案，潰，《史記·惠景閒侯者年表》作"澤"。

［26］【今注】元封六年：公元前 105 年。

［27］【顏注】師古曰：時發馬給軍，匿而不出也。【今注】持
馬：國家征發馬匹時，隱匿不出。周壽昌《漢書注校補》認爲，執
而不釋謂之持。　案，要斬，《史記·惠景閒侯者年表》作"斬"。
　案，蔡琪本、大德本同，殿本位於下一格。

［28］【顏注】師古曰：鉼，音步丁反。【今注】鉼：侯國名。

治所在今山東臨朐縣東南。

[29]【今注】案，卬，大德本同，蔡琪本、殿本作"印"。

[30]【今注】弓高：縣名。治所在今河北阜城縣南。

[31]【今注】匈奴相國：官名。匈奴左右賢王屬官，又作"相邦"。

[32]【今注】案，侯故韓王子，《史記·惠景閒侯者年表》作"故韓王信孽子，侯"。又，"侯"後有"千二百三十七户"。韓王信，傳見本書卷三三。

[33]【今注】案，五朔，大德本同，蔡琪本、殿本作"元朔"，當據改。

[34]【今注】龍頟（é）：侯國名。治所在今山東齊河縣西北。

[35]【今注】譀：《史記·惠景閒侯者年表》作"説"。據本書《魏豹田儋韓王信傳》，韓説以校尉擊匈奴，封龍頟侯。後坐酎金失侯，又以待詔爲橫海將軍，擊破東越，封按道侯。

[36]【今注】案，二，蔡琪本、大德本同，殿本作"一"。案，自元朔五年（前124）至元鼎四年（前113），合十二年。

[37]【顏注】師古曰：説，音女交反。

[38]【今注】按道：《史記·惠景閒侯者年表》作"案道"。其地不詳。

[39]【今注】元封元年：《史記·惠景閒侯者年表》作"元鼎六年"。此處指韓説受封的時間，並非指出擊東越的時間。

[40]【今注】橫海將軍：漢代將軍稱號。　東越：王國名。高祖五年（前202）封閩越首領無諸，都東冶（今福建福州市）。

[41]【今注】案，當作"二十年"。

[42]【今注】衛大子：劉據。傳見本書卷六三。案，夏燮《校漢書八表》卷四云，征和二年七月，韓説被太子劉據門客格殺，援引戰死的先例贈謚號並封其子爲侯。後因巫蠱之禍誅連，因韓説實爲江充的黨羽。

[43]【今注】延和三年：公元前90年。延和，又作"征和"。

［44］【今注】案，興嗣，《史記·惠景閒侯者年表》作"長代"。

［45］【今注】齊：王國名。漢武帝元狩元年（前 122）置。元封元年（前 110）爲郡。

［46］【今注】案，曾，據本書卷三三及卷七《昭紀》、卷八《宣紀》等，當作"增"。

［47］【今注】案，三十一，自武帝後元元年（前 88）至神爵四年（前 58），合三十一年。

［48］【今注】五鳳元年：公元前 57 年。漢宣帝年號（前 57—前 54）。案，朱一新《漢書管見》據本書《宣紀》《韓王信傳》《百官公卿表》，韓增薨於五鳳二年，則其子以五鳳三年嗣。

［49］【今注】案，恩，蔡琪本、大德本、殿本作"思"。

［50］【今注】鴻嘉元年：公元前 20 年。鴻嘉，漢成帝年號（前 20—前 17）。

［51］【今注】案，元封是武帝年號，此時已進入成帝時，故此"元封"當作"元延"。

［52］【今注】案，蔡琪本、殿本同，大德本"敵"後有"弓"字。

［53］【今注】王莽：傳見本書卷九九。

［54］【今注】襄城：縣名。治所在今河南襄城縣。

［55］【今注】案，二千户，《史記·惠景閒侯者年表》作"千四百三十三户"。

［56］【今注】案，大子，蔡琪本、大德本、殿本作"太子"。

［57］【今注】後七年：文帝後元七年，公元前 157 年。七，大德本、殿本同，蔡琪本作"十"。

［58］【今注】案，三十一，大德本、殿本同，蔡琪本作"二十"。

［59］【今注】案，坐詐疾不從，《史記·惠景閒侯者年表》作"釋之坐詐病不從，不敬"。

［60］【今注】魏：郡名。治鄴縣（今河北臨漳縣西南）。王先

謙《漢書補注》云，襄城屬潁川縣，非魏郡。

［61］【今注】故安：縣名。治所在今河北涿州市西南。　申屠嘉：傳見本書卷四二。

［62］【今注】案，孝文二年，《史記·惠景閒侯者年表》作"孝文元年"。朱一新《漢書管見》云，據本書《文紀》《申屠嘉傳》，舉以高祖功臣爲關内侯，在孝文元年。此"二"字訛。　淮陽：郡名。治陳縣（今河南淮陽縣）。

［63］【今注】案，用丞相侯，《史記·惠景閒侯者年表》此後有"一千七百一十二户"。

［64］【今注】案，侯共，《史記·惠景閒侯者年表》作"恭侯蔑"。

［65］【今注】清安：今地不詳。《史記》卷九六《張丞相列傳》據裴駰《集解》引徐廣語作"靖安"。

［66］【今注】案，元狩三年，《史記·惠景閒侯者年表》作"元狩二年"。三年，蔡琪本、大德本同，殿本作"二年"。

［67］【今注】案，侯臾，《史記·惠景閒侯者年表》作"清安侯"。

［68］【今注】九江：郡名。治壽春（今安徽壽縣）。

［69］【今注】案，軹，蔡琪本、大德本、殿本作"軹"。

［70］【今注】案，錢大昕《廿二史考異·漢書一》，《王子侯表》載國名作"氏丘"，此"氏"下多"營"字。

［71］【顏注】師古曰：鄔，音一户反，又音於庶反（蔡琪本、大德本、殿本"又"後無"音"字）。今《書》本有鄳字者，誤。

漢書　卷一七

景武昭宣元成功臣表第五

　　昔《書》稱"蠻夷帥服",[1]《詩》云"徐方既俠",[2]《春秋》列潞子之爵,許其慕諸夏也。[3]漢興至于孝文時,[4]乃有弓高、襄城之封,[5]雖自外俠,本功臣後。故至孝景始欲侯降者,[6]丞相周亞夫守約而爭。[7]帝黜其議,初開封賞之科,[8]又有吳楚之事。[9]武興胡越之伐,[10]將帥受爵,應本約矣。[11]後世承平,頗有勞臣,輯而序之,續元功次云。[12]

　　[1]【顏注】師古曰:《舜典》之辭也。言王者德澤廣被,則四夷相率而降服也。【今注】書:《尚書》。儒家經典。先秦時稱《書》。漢初始稱《尚書》,指上古之書。尚,同"上"。其內容記載夏、商歷史。有典、謨、訓、誥、誓、命六種體裁。　蠻夷帥服:皮錫瑞《今文尚書考証》卷一引鄭注認爲,經典中今文作"帥",古文作"率",則此處《書》當爲《今文尚書》。

　　[2]【顏注】師古曰:《大雅·常武》之詩曰:"王猷允塞,徐方既俠。"言周之王道信能充實,則徐方、淮夷並來朝也。俠,古來字。【今注】詩:《詩經》。儒家經典。我國古代第一部詩歌總集,傳說孔子刪爲三百零五篇。分風、雅、頌三類,采用賦、比、興手法。漢代傳授《詩經》的主要有齊、魯、韓三家。王先謙《詩

三家義集疏》卷二三《常武》引此句作"徐方既來"，注稱《齊》"來"作"俠"，則此處《詩》當爲齊詩。　徐方：古族名。又稱徐夷、徐戎。商周時期分布於今淮河中下游。周初，建立徐國。

[3]【顏注】應劭曰：潞子離狄內附，《春秋》嘉之，稱其爵，列諸盟會也。師古曰：潞音路。【今注】春秋：書名。魯國編年體史書。記載春秋列國之間朝聘、盟會、戰爭等事，起於魯隱公元年（前 722），終於魯哀公十四年（前 481）。　潞子：春秋時期赤狄首領。《春秋》宣公十五年："六月癸卯，晉師滅赤狄潞氏，以潞子嬰兒歸。"《公羊傳》認爲，潞氏稱子，是因爲他做善事，脱離了夷狄却未能融入中國。因此，當晉國攻打時，孤立無援而至亡國。楊樹達《漢書窺管》據《春秋》宣公十五年，認爲潞子未嘗列諸盟會。潞，春秋古國名。赤狄的一支。在今山西潞城市東北。子，周朝五等爵中第四等爵。

[4]【今注】孝文：漢文帝劉恒。公元前 179 年至前 158 年在位。紀見本書卷四。

[5]【顏注】師古曰：弓高侯穨當，襄城侯桀龍，皆從匈奴來降而得封也。【今注】案，《漢書考證》齊召南曰：此襄城侯封於文帝十四年（前 166），即韓王信太子之子韓嬰，與韓穨當率衆降漢，一封襄城侯，一封弓高侯。並非顏注所説武帝所封襄城侯桀龍。

[6]【今注】孝景：漢景帝劉啓。公元前 157 年至前 141 年在位。紀見本書卷五。

[7]【顏注】應劭曰：景帝欲封王皇后兄信，亞夫對"高祖之約，非功臣不侯也"。師古曰：景帝欲封匈奴降者徐盧等，而亞夫爭之，以爲不可。今表所稱，蓋謂此耳，不列王信事也。應説失之。【今注】周亞夫：周勃之子。傳見本書卷四〇。漢景帝七年（前 150）爲丞相。案，本書卷四〇載，匈奴王徐盧等五人降漢。《史記》卷一一《孝景本紀》載，景帝中元三年（前 147）春，匈奴王二人率其徒來降，皆封爲列侯。張守節《正義》引《漢書》表云中三年，安陵侯子軍、桓侯賜、遒侯陸彊、容城侯徐盧、易侯

僕黥、范陽侯代、翕侯邯鄲七人，以匈奴王降，皆封爲列侯。所載人數與《漢書》不同。梁玉繩《史記志疑》認爲，"五"當作"七"。

[8]【顏注】師古曰：不從亞夫之言，竟封也。

[9]【今注】吳楚之事：漢景帝前元三年（前154）吳王濞、楚王戊等七國叛亂。

[10]【今注】武：漢武帝劉徹。公元前141年至前87年在位。紀見本書卷六。　胡：指匈奴。傳見本書卷九四。　越：指南越。傳見本書卷九五。

[11]【顏注】師古曰：應高祖非有功不得侯之約。

[12]【顏注】師古曰：輯與集同。元功，謂佐興其帝業者也。

號諡姓名	俞侯欒布[1]	建陵哀侯衞綰[7]
功狀戶數	以將軍吳楚反擊齊,[2]侯。	以將軍擊吳楚,用中尉侯。[8]
始封	六年四月丁卯封,六年薨。[3]	四月丁卯封,二十一年薨。
子	中六年,[4]侯賁嗣,二十二年,元狩六年,[5]坐爲太常雍犧牲不如令,免。[6]	元光五年,[9]侯信嗣,十八年,元鼎五年,[10]坐酎金免。[11]
孫		
曾孫		
玄孫		

建平敬侯程嘉[12]	平曲侯公孫渾邪[15]
以將軍擊吳楚，用江都相侯。[13]	以將軍擊吳楚，用隴西太守侯。[16]
四月丁卯封，十八年薨。	四月己巳封，五年，中四年，有罪，免。
元光二年，[14]節侯橫嗣，一年薨。	南奊[17] 元朔五年四月丁卯，[18]侯賀以將軍擊匈奴得王，[19]侯。十二年，元鼎五年，坐酎金免。
三年，侯回嗣，四年薨，亡後。	

	江陽康侯蘇息[26]	遽侯橫[32]
	以將軍擊吳楚，用趙相侯。[27]	父建德以趙相不聽王遂反，死事，子侯，千一百七十戶。[33]
	中二年，[28]懿侯盧嗣，八年薨。	中二年四月乙巳封，六年，後二年，有罪，棄市。[34]
葛繹[20] 太初二年，[21]侯賀復以丞相封。[22]三年，[23]延和二年，[24]以子敬聲有罪，下獄死。[25]	建元二年，[29]侯朋嗣，[30]十六年薨。	
	元朔六年，[31]侯雕嗣，十一年，元鼎五年，坐酎金免。	

新市侯王棄之[35]	商陵侯趙商[39]
父悍以趙内史,[36] 王遂反不聽,死事,子侯。[37]	父夷吾以楚太傅,[40] 王戊反不聽,死事,子侯。
四月乙巳封,八年薨。	四月乙巳封,三十六年,元鼎五年坐爲丞相知列侯酎金輕,[41] 下獄自殺。
煬侯始昌嗣,元光四年爲人所賊殺。[38]	

山陽侯張當居[42]	安陵侯于軍[46]
父尚以楚相，王戊反不聽，死事，子侯。[43]	以匈奴王降侯，千五百五十户。[47]
四月乙巳封，二十四年，元朔五年，坐爲太常擇博士弟子故不以實，[44]完爲城旦。[45]	中三年十一月庚子封，[48]十三年，建元六年薨，[49]亡後。

桓侯賜[50]	遒侯陸彊[52]	容城攜侯徐盧[56]
以匈奴王降侯。	以匈奴王降侯，千五百七十户。[53]	以匈奴王降侯，七百户。
十二月丁丑封。[51]	十二月丁丑封。	十二月丁丑封，七年薨。
	侯則嗣，孝武後元年坐祝詛上，[54]要斬。[55]	建元二年，[57]康侯纏嗣，[58]十四年薨。
		元朔三年，[59]侯光嗣，四十年，[60]後元二年，坐祝詛上，要斬。

易侯僕黥[61]	范陽靖侯范代[62]	翕侯邯鄲[67]
以匈奴王降侯，千一百十户。	以匈奴王降侯，六年二百户。[63]	以匈奴王降漢。
十二月丁丑封，六年，後三年薨，亡後。	十二月丁丑封，十四年薨。	十二月丁丑封，六年，[68]元光四年，坐行來不請長信，免。[69]
	元光二年，懷侯德嗣，四年薨，亡後。	
	元始二年，[64]代玄孫政詔涿郡[65]賜爵關內侯。[66]	内黃[70]

亞谷簡侯盧它之[71]	塞侯直不疑[82]
以匈奴東胡王降侯,[72]千户。[73]故燕王綰子。[74]	以御史大夫侯,[83]前有將兵擊吳楚功。[84]
中五年四月丁巳封,[75]二年薨。	後元年八月封,六年薨。
後元五年,[76]侯種嗣,[77]七年薨。	建元四年,[85]康侯相如嗣,十二年薨。
建元五年,[78]康侯漏嗣,[79]七年薨。	元朔四年,[86]侯堅嗣,十三年,元鼎五年,坐酎金免。
元康六年,[80]侯賀嗣,三十九年,延和二年,坐受衞太子節,掠死。[81]	

孝景十八人。[87]平陸、休、沈猷、紅、宛朐、棘樂、乘氏、桓邑八人在《王子》,[88]魏其、蓋二人在《外戚》,[89]隆慮一人隨父,[90]凡二十九人。[91]

[1]【顏注】師古曰：俞音輸。【今注】俞：縣名。治所在今山東平原縣西南。 欒布：傳見本書卷三七。

[2]【今注】吳楚：本書卷三七《欒布傳》載，吳楚反時，欒布以功封爲鄃侯。漢景帝三年（前154），吳王劉濞、楚王劉戊爲首的七國之亂。 齊：指齊地的膠西、膠東、菑川、濟南四王。《史記‧惠景間侯者年表》作“以將軍吳楚反時擊齊有功”，“户千八百”。

[3]【今注】薨：古代稱諸侯死亡。王先謙《漢書補注》云，賁以漢景帝中元六年（前144）嗣，自景帝六年至中元五年爲七年，則布當七年薨，“六”字誤。

[4]【今注】中六年：漢景帝中元六年，公元前144年。

[5]【今注】元狩六年：公元前117年。元狩，漢武帝年號（前122—前117）。《史記‧惠景間侯者年表》云“中五年，侯布薨”，與此處中六年賁嗣位相合，則以武帝元朔二年（前127）爲賁元年。自中元六年至元狩六年，爲二十七年。如作“二十二年”，則當爲元朔六年。王先謙《漢書補注》認爲，當以元朔六年爲是。

[6]【顏注】師古曰：雍，右扶風縣也，五畤祠在焉。【今注】太常：官名。漢九卿之一。掌宗廟禮儀等。原作“奉常”，景帝中元六年改名。秩中二千石。 雍：縣名。治所在今陝西鳳翔縣西南。 犧牲：供祭祀用的牲畜。

[7]【今注】建陵：侯國名。馬孟龍《西漢侯國地理》認爲，在今山東棗莊市嶧城區（上海古籍出版社2013年版，第405頁）。衛綰：傳見本書卷四六。

[8]【今注】中尉：武官名。掌京師治安，管理中央武庫。漢

武帝太初元年（前 104）改名"執金吾"。《史記·惠景閒侯者年表》作"户千三百一十"。

[9]【今注】元光五年：公元前 130 年。元光，漢武帝年號（前 134—前 129）。

[10]【今注】元鼎五年：公元前 112 年。元鼎，漢武帝年號（前 116—前 111）。

[11]【今注】酎金：漢代宗廟祭祀時諸侯王和列侯獻的助祭金。酎金的分量和成色不足，則被視爲有罪。

[12]【今注】建平：侯國名。治所在今河南夏邑縣西南。

[13]【今注】江都：國名。漢武帝時改名廣陵，都廣陵（今江蘇揚州市西北）。《史記·惠景閒侯者年表》作"户三千一百五十"。

[14]【今注】元光二年：公元前 133 年。

[15]【顔注】師古曰：渾音胡温反。字或作昆，又作混，其音同。【今注】平曲：侯國名。治所在今江蘇連雲港市西南。 渾邪：《史記·惠景閒侯者年表》作"昆邪"。

[16]【今注】隴西：郡名。治狄道（今甘肅臨洮縣南）。 太守：官名。掌一郡政事。秩二千石。《史記·惠景閒侯者年表》作"户三千二百二十"。

[17]【顔注】師古曰：奅音普孝反。【今注】南奅（pào）：地名。今地不詳。馬孟龍《西漢侯國地理》謂《茂陵書》亦作"南奅"，而本書卷五五《衛青傳》作"南窌"，認爲或在魏地（第449 頁）。

[18]【今注】元朔五年：公元前 124 年。 案，《史記·建元以來侯者年表》"丁卯"作"丁未"。

[19]【今注】案，《史記·建元以來侯者年表》將軍上有"騎"字。 匈奴：古代北方部族，又稱"胡"。傳見本書卷九四。

[20]【今注】葛繹：山名。今江蘇睢寧縣西北古邳鎮西北巨山。

[21]【今注】太初二年：公元前 103 年。太初，漢武帝年號

（前 104—前 101）。

[22]【今注】丞相：官名。漢三公之一。輔佐皇帝，掌全國政務。案，侯賀復以丞相封，大德本同，蔡琪本作"侯賀復封葛繹侯丞相封"，殿本作"侯賀復以丞相封葛繹侯"。

[23]案，三年，蔡琪本、殿本同，大德本作"二年"。但太初二年（前 103）至延和元年（前 92）爲十二年。《史記·建元以來侯者年表》"二年"下有"三月丁卯"四字。

[24]【今注】延和二年：公元前 91 年。延和，漢武帝年號（前 92—前 89）。又作"征和"。

[25]【顏注】師古曰：延亦征字也。

[26]【今注】江陽：梁玉繩《史記志疑》認爲，當據《史記》卷一一《孝景本紀》作"江陵"，爲南郡縣名。江陽縣屬犍爲郡，至武帝時始置。

[27]【今注】案，《史記·孝景本紀》"趙相"作"趙丞相嘉爲江陵侯"。

[28]【今注】中二年：公元前 148 年。王念孫《讀書雜志·漢書第三》曰：此格當有"四月壬申封，三年薨"八字，《史記·建元以來侯者年表》"六年四月壬寅，康侯蘇嘉元年"，是其證。子、孫、曾孫俱當下移一格。

[29]【今注】建元二年：公元前 139 年。建元，漢武帝年號（前 140—前 135）。案，王先謙《漢書補注》曰：《史記·惠景閒侯者年表》"二年"作"三年"。

[30]【今注】案，《史記·惠景閒侯者年表》"朋"作"明"。

[31]【今注】元朔六年：公元前 123 年。

[32]【顏注】師古曰：史失其姓。它皆類此。【今注】遽：侯國名。馬孟龍《西漢侯國地理》認爲，在今河北石家莊市附近（第 415 頁）。

[33]【今注】案，《史記·惠景閒侯者年表》"一百"作"九百"。

［34］【今注】棄市：古代在鬧市執行斬刑，後將尸體暴露在街頭。 案，周壽昌《漢書注校補》卷九曰：《史表》但云“國除”。朱一新《漢書管見》卷一曰：本書卷五《景紀》“四月”作“九月”。

［35］【今注】新市：侯國名。治所在今河北正定縣東北。棄之：《史記·惠景閒侯者年表》作“康”。

［36］【今注】内史：官名。漢初諸侯王國置内史，掌政事。《史表》“悍”作“慎”。

［37］【今注】案，《史記·惠景閒侯者年表》“子侯”後有“户一千十四”五字。

［38］【今注】元光四年：公元前 131 年。錢大昭《漢書辨疑》卷七曰：《史記·惠景閒侯者年表》作武帝後元元年嗣（前 88），但侯棄之景帝中元二年（前 148）封，八年後薨，爲景帝後元三年（前 141），則“後元”當作“建元”。

［39］【今注】商陵：當作“高陵”。其地不詳。屬琅邪郡。

［40］【今注】楚：王國名。高祖六年（前 201）封劉交。都彭城（今江蘇徐州市）。此時楚王爲劉戊。 太傅：諸侯王國官名。掌輔導諸侯王。可向朝廷奏諸侯王不法。秩二千石。

［41］【今注】列侯：秦漢二十等爵的最高一級（第二十級）。即徹侯，因避武帝劉徹諱，稱通侯或列侯。

［42］【今注】山陽：縣名。治所在今河南修武縣西。

［43］【今注】案，《史記·惠景閒侯者年表》“子侯”後有“户千一百一十四”七字。

［44］【今注】案，《史記·惠景閒侯者年表》“擇”作“程”。龐俊《養晴室遺集》卷一四《讀書筆記·養晴室劄記·五》引《廣雅·釋詁》，以爲“捏，擇也”，“捏”與“程”通。則此處“擇”當作“程”。 博士弟子：漢太學學生名。博士官置弟子學於太學，或稱太學生。其設置始於武帝元朔五年丞相公孫弘建議。

［45］【今注】城旦：秦漢時一種强制男性罪犯服勞役的刑罰，

刑期四年，主要有築城或製作器物等。

[46]【今注】安陵：侯國名。馬孟龍《西漢侯國地理》認爲，在今河北高陽縣西南（第416頁）。

[47]【今注】案，《史記·惠景閒侯者年表》“五十”作“一十七”。

[48]【今注】中三年：公元前147年。

[49]【今注】建元六年：公元前135年。

[50]【今注】桓：縣名。治所在今山西垣曲縣東南。《史記·惠景閒侯者年表》作“垣”。

[51]【今注】案，《史記·惠景閒侯者年表》作“六年，賜死，不得及嗣”。

[52]【顏注】師古曰：“遒”即古“道”字，音子脩反，涿郡之縣。【今注】侯陸彊：王先謙《漢書補注》云，亦見《水經注·巨馬水》，“陸”作“隆”，《史記·惠景閒侯者年表》“遒”作“道”，“陸”亦作“隆”，則“陸”爲誤字。

[53]【今注】案，《史記·惠景閒侯者年表》“七十”作“六十九”。

[54]【今注】孝武：漢武帝劉徹。　後元年：公元前88年。祝詛：祈禱於鬼神，使加禍於別人。

[55]【今注】要斬：《史記·惠景閒侯者年表》云“侯則坐使巫齊少君祠祝詛，大逆無道，國除”。

[56]【今注】容城：縣名。治所在今河北容城縣北。　攜侯：王念孫《讀書雜志·漢書第三》曰：“攜”當爲“唯”，且當在“侯”字下。當作“侯唯徐”。《史記·惠景閒侯者年表》作“侯唯徐盧”，本書《公卿表》有“容城侯唯塗光爲太常”，“唯塗”即“唯徐”。

[57]【今注】建元二年：公元前139年。

[58]【今注】案，《史記·惠景閒侯者年表》“纏”作“綽”。

[59]【今注】元朔三年：公元前126年。

　　[60]【今注】案，元朔三年（前126）至後元二年（前87），當作"三十九年"。

　　[61]【顏注】鄭氏曰：黜音怛。【今注】易：侯國名。馬孟龍《西漢侯國地理》云，在今河北容城縣東晾馬臺鄉南（第416頁）。

　　[62]【今注】范陽：縣名。治所在今河北興定縣西南。　范代：王先謙《漢書補注》曰：《水經注·易水》"代"上無"范"字，疑"范"字緣上"范"字而誤衍，匈奴不得有范姓。《史記·惠景閒侯者年表》作"端侯代"，而亦無"范"字。

　　[63]【今注】案，六年，蔡琪本、大德本、殿本作"六千"，當據改。《史記·惠景閒侯者年表》作"户千一百九十七"。

　　[64]【今注】元始二年：公元2年。元始，漢平帝年號（1—5）。

　　[65]【今注】涿郡：郡名。治涿縣（今河北涿州市）。

　　[66]【今注】關内侯：秦漢二十等爵的第十九等。有封號而居畿内，無封土。

　　[67]【今注】翕：侯國名。治所在今河南内黄縣東莊鄉舊城村。

　　[68]【今注】六年：漢景帝中元三年（前147）至武帝元光四年（前131）當爲十六年，疑脱"十"字。

　　[69]【顏注】如淳曰：長信宫，太后所居也。師古曰：請，謁也。

　　[70]【今注】内黄：縣名。治所在今河南内黄縣西北。

　　[71]【今注】亞谷：侯國名。治所在今河北雄縣東。《史記》卷九三《韓信盧綰列傳》裴駰《集解》引徐廣曰："亞，一作'惡'。""亞""惡"古通。　它之：本書卷三四《盧綰傳》作"它人"，《史記·惠景閒侯者年表》作"它父"。

　　[72]【今注】東胡王：燕王盧綰叛逃匈奴，得封爲東胡王。

　　[73]【今注】案，《史記·惠景閒侯者年表》"千户"作"千五百户"。

　　[74]【今注】燕王綰：漢五年（前202）封盧綰爲燕王。傳見

本書卷三四。

[75]【今注】中五年：公元前145年。

[76]【今注】後元五年：據上文，中元五年（前145）之後二年爲後元元年（前143）。蔡琪本、大德本作"後元年"，殿本作"後元元年"，是，當據删"五"字。

[77]【今注】侯種：《史記·惠景閒侯者年表》作"安侯"。

[78]【今注】建元五年：公元前136年。《史記·惠景閒侯者年表》"五"作"元"。

[79]【今注】案，《史記·惠景閒侯者年表》"漏"作"偏"。

[80]【今注】案，元康爲漢宣帝年號，共四年。蔡琪本、大德本、殿本正作"元光"，當據改。元光六年，公元前129年。

[81]【顏注】師古曰：以衞太子擅發兵，而賀受其節，擬有反心，故見考掠而死也。【今注】衞太子：劉據。傳見本書卷六三。

[82]【今注】塞：侯國名。《史記》卷一〇三《萬石張叔列傳》司馬貞《索隱》云，古塞國，在桃林塞（今河南靈寶市以西、陝西潼關以東地區）。梁玉繩《史記志疑》認爲在今河北趙縣東南。本書卷四六作"謚曰信侯"。

[83]【今注】御史大夫：官名。漢三公之一。掌執法彈劾、糾察百官以及圖籍秘書。秩中二千石。

[84]【今注】案，《史記·惠景閒侯者年表》"楚功"後有"户千四十六"五字。

[85]【今注】建元四年：公元前137年。

[86]【今注】元朔四年：公元前125年。

[87]【今注】案，孝景十八人，蔡琪本、大德本、殿本作"右孝景十八人"。

[88]【今注】王子：本書《王子侯表》。

[89]【今注】外戚：本書《外戚恩澤侯表》。

[90]【今注】隆慮：隆慮侯陳融。

[91]【顏注】師古曰：據《楚元王傳》云休侯富免侯後更封

爲紅侯，而《王子侯表》但云休侯富，雖述重封，又無紅邑，其數止七人（其數止七人，大德本、殿本同，蔡琪本作"其數七人"）。然此表乃以休及紅列爲二數，又稱八人在《王子侯》，是則此表爲誤也。【今注】案，錢大昕《廿二史考異·漢書一》曰：本書《外戚恩澤侯表》尚有章武侯竇廣國、南皮侯竇彭祖二人。

翕侯趙信[1]	持轅侯樂[6]
以匈奴相國降侯,[2]元朔二年擊匈奴益封,[3]千六百八十户。	以匈奴都尉降侯,[7]六百五十户。
元光四年十月壬午封,[4]八年,元朔六年,爲右將軍擊匈奴,[5]兵敗,降匈奴。	元年後九月丙寅封,[8]十三年,元鼎元年薨,[9]亡後。
内黄	南陽[10]

親陽侯月氏[11]	若陽侯猛[14]
以匈奴相降侯，六百八十戶。	以匈奴相降侯，五百三十戶。
元朔二年十月癸巳封，[12]五年，坐謀反入匈奴，要斬。	十月癸巳封，五年，坐謀反入匈奴，要斬。
舞陽[13]	平氏[15]

平陵侯蘇建[16]	岸頭侯張次公[22]
以都尉從車騎將軍擊匈奴功侯，[17]元朔五年，用游擊將軍從大將軍，[18]益封，凡一千户。	以都尉從車騎將軍擊匈奴侯，從大將軍，益封，凡二千户。
三月丙辰封，[19]六年，坐爲前將軍與翕侯信俱敗，[20]獨身脱來歸，當斬，贖罪，免。	五月己巳封，[23]五年，元狩元年，坐與淮南王女陵姦，受財物，免。[24]
武當[21]	皮氏[25]

涉安侯於單[26]	昌武侯趙安稽[29]
以匈奴單于大子降侯。[27]	以匈奴王降侯，以昌武侯從驃騎將軍擊左王，[30]益封。
三年四月丙子封，五月薨，封亡後。[28]	四年七月庚申封，二十一年薨。
	太初元年，[31]侯充國嗣，四年薨，亡後。
	舞陽

襄城侯桀龍[32]	安樂侯李蔡[36]
以匈奴相國降侯，四百户。	以將軍再擊匈奴得王，侯，二千户。
七月庚申封，三十二年，與浞野侯俱戰死事。[33]	四月乙巳封，[37] 六年，元狩五年，[38] 坐以丞相侵賣園陵道壖地，[39] 自殺。
太初二年，侯病已嗣，十五年，後二年，坐祝詛上，下獄瘐死。[34]	
襄垣[35]	昌[40]

合騎侯公孫敖[41]	軹侯李朔[47]
以護軍都尉三從大將軍擊匈奴,[42]至右王庭得王侯,[43]元朔六年,從大將軍,益封,九千五百户。	以校尉三從大將軍擊匈奴,[48]至右王庭得虜閼氏功侯。[49]
以五年四月丁未封,至元狩二年坐將兵擊匈奴與票騎將軍期後,[44]畏懦當斬,贖罪。[45]	四月乙卯封,六年,有罪,當免。[50]
高城[46]	西安[51]

從平侯公孫戎奴[52]	隨城侯趙不虞[56]
以校尉三從大將軍擊匈奴，至右王庭爲鴈行上石山先登，[53]侯，一千一百户。	以校尉三從大將軍擊匈奴，攻辰吾先登石壟，侯，七百户。[57]
四月乙卯封，三年，元狩二年，坐爲上黨太守發兵擊匈奴不以聞，[54]免。	四月乙卯封，三年，元狩二年，坐爲定襄都尉，匈奴敗，太守以聞非實，謾，免。[58]
樂昌[55]	千乘[59]

博望侯張騫[60]	衆利侯郝賢[62]
以校尉數從大將軍擊匈奴，知道水，及前使絕國大夏，[61]侯。	以上谷太守四從大將軍擊匈奴，[63]首虜千級以上，侯，千一百户。
六年三月甲辰封，元狩二年，坐以將軍擊匈奴畏懦，當斬，贖罪，免。	五月壬辰封，二年，元狩二年，坐爲上谷太守入戈卒財物，計謾，免。[64]
	姑莫[65]

潦悼侯王援訾[66]	從票侯趙破奴[69]
以匈奴趙王降侯，五百六十户。	以司馬再從票騎將軍擊匈奴，[70]得兩王千騎將侯，二千户。
元狩元年七月壬午封，[67]年薨，亡後。[68]	五月丙戌封，九年，[71]元鼎五年，坐酎金免。元封三年，[72]以匈奴河將軍擊樓蘭，[73]封浞野侯。五年，太初二年，以浚稽將軍擊匈奴，[74]爲虜所獲，軍没。
舞陽	

宜冠侯高不識[75]	煇渠忠侯僕朋[78]
以校尉從票騎將軍再擊匈奴。侯，一千一百户。故匈奴歸義。[76]	以校尉從票騎將軍再出擊匈奴得王，侯，從票騎將軍虜五王，益封。故匈奴歸義。
五月庚戌封，四年坐擊匈奴增首不以實，當斬，贖罪，免。[77]	二年二月乙丑封，八年薨。
	元鼎四年，[79]侯雷電嗣，二十二年，[80]延和三年，[81]以五原屬國都尉與二師將軍俱擊匈奴，[82]没。
昌	魯陽[83]

下摩侯諢毒尼[84]	濕陰定侯昆邪[90]
以匈奴王降封，七百户。	以匈奴昆邪王將衆十萬降侯，萬户。
六月乙亥封，九年薨。	三年七月壬午封，[91]四月薨。[92]
元鼎五年，煬侯伊即軒嗣。[85]	元鼎元年，魏侯蘇嗣，十年，元封五年薨，[93]亡後。
侯冠支嗣，神爵三年，[86]詔居弋居山，[87]坐將家屬闌入惡師居。[88]	
猗氏[89]	平原[94]

煇渠慎侯應疕[95]	河綦康侯烏黎[97]
以匈奴王降侯。	以匈奴右王與渾邪降侯,[98]六百户。
七月壬午封,五年,元鼎三年薨,[96]亡後。	七月壬午封,六年薨。
	元鼎三年,侯餘利鞮嗣,四十二年,本始二年薨,[99]亡後。[100]
魯陽	濟南[101]

常樂侯稠雕[102]	邪離侯路博德[107]
以匈奴大當戶與渾邪降侯,[103]五百七十戶。[104]	以右北平太守從票騎將軍擊左王,[108]得重,會期,虜首萬二千七百人,侯,千六百戶。[109]
七月壬午封,十八年薨。	四年六月丁卯封,十五年,太初元年,坐見知子犯逆不道罪免。
太初三年,[105]侯廣漢嗣,六年,太始元年薨,[106]亡後。	
濟南	朱虛[110]

義陽侯衛山[111]	杜侯復陸支[117]
以北地都尉從票騎將軍擊匈奴得王，[112]侯，千一百戶。[113]	以匈奴歸義因執王從票騎將軍擊左王，[118]以少破多，捕虜三千一百，[119]侯，千三百戶。
六月丁卯封，二十六年，太始四年，[114]坐教人誣告衆利侯當時棄市罪，獄未斷病死。[115]	六月丁卯封，五年薨。
	元鼎三年，侯偃嗣。
	侯屠耆嗣。
	侯宣平嗣。
平氏[116]	重平[120] 侯福嗣，何平四年，[121]坐非子免。

衆利侯伊即軒[122]	湘成侯敝屠洛[129]
以匈奴歸義樓剸王從票騎將軍擊左王,[123]手劍合,[124]千一百戶。[125]	以匈奴符離王降侯,[130]千八百戶。
六月丁卯封,十四年薨。	六月丙子封,七年,元鼎五年,坐酎金免。
元封六年,[126]侯當時嗣。	
侯輔宗嗣,始元五年薨,[127]亡後,爲諸縣。[128]	
	陽成[131]

散侯董舍吾[132]	臧馬康侯雕延年[136]
以匈奴都尉降侯，千一百户。	以匈奴王降侯，八百七十户。
六月丙子封，[133]十七年薨。	六月丙子封，五年薨，亡後。
太初三年，侯安漢嗣。	
侯賢嗣，征和三年，[134]坐祝詛上，下獄病死。[135]	
陽成	朱虚

膫侯次公[137]	術陽侯建德[138]
以匈奴歸義王降侯，七百九十戶。	以南越王兄越高昌侯侯，[139]三千戶。
元鼎四年六月丙午封，五年，坐酎金免。	五年三月壬午封，四年，坐使南海逆不道，[140]誅。
舞陽	下邳[141]

龍侯摎廣德[142]	成安侯韓延年[145]
父樂以校尉擊南越死事,[143]子侯,六百七十户。	父千秋以校尉擊南越死事,[146]子侯,千三百八十户。
三月壬午封,六年,[144]坐酎金免。	三月壬午封,七年,元封六年,坐爲太常行大行令事留外國書一月,[147]之興,入穀贖,完爲城旦。[148]
	郟[149]

昆侯渠復絫[150]	騏侯駒幾[154]
以屬國大首渠擊匈奴侯。[151]	以屬國騎擊匈奴捕單于兄侯，[155]五百二十户。
五月戊戌封。	五月壬子封。
侯乃始嗣，地節四年薨，[152]亡後。	侯督嗣。[156]
	蝥侯崇嗣，陽朔二年薨，[157]亡後。
鉅鹿[153]	北屈[158]

	梁期侯任破胡[160]
	以屬國都尉間出擊匈奴將軍絲絺緩等侯。[161]
	五年辛巳封。[162]
元延元年六月己未,[159]侯詩以崇弟紹封,五百五十户。	侯當千嗣,太始四年,坐賣馬一匹賈錢十五萬匹,過平,臧五百以上,免。[163]

膫侯畢取[164]	將梁侯楊僕[166]
以南越將軍降侯,[165]五百一十戶。	以樓船將軍擊南越椎鋒却敵侯。[167]
六年三月乙酉封。	三月乙酉封,四年,元封四年,坐爲將軍擊朝鮮畏懦,[168]入竹二萬箇,贖完爲城旦。[169]
侯奉義嗣,後二年,坐祝詛上,要斬。	
南陽	

安道侯揭陽定[170]	隨桃頃侯趙光[172]
以南越揭陽令聞漢兵至自定降，侯，六百戶。	以南越蒼梧王聞漢兵至，[173]降，侯，三千戶。
三月乙酉封。	四月癸亥封，薨。
侯當時嗣，延和四年，[171]坐殺人，棄市。	侯昌樂嗣，本始元年薨。[174]嗣子有罪，不得代。
南陽	元始五年，[175]侯放以光玄孫紹封，千戶。

湘成侯監居翁[176]	海常嚴侯蘇弘[182]
以南越桂林監聞漢兵破番禺,[177]諭甌駱民四十餘萬降,[178]侯,八百三十户。	以伏波司馬得南越王建德侯。[183]
五月壬申封。	七月乙酉封,七年,太初元年薨,亡後。
侯益昌嗣,五鳳四年,[179]坐爲九真太守盜使人出買犀、奴婢,[180]臧百萬以上,不道,誅。	
堵陽[181]	

外石侯吴陽[184]	下鄜侯左將黃同[189]
以故東越衍侯佐繇王公侯,[185]千户。	以故甌駱左將斬西于王功侯,[190]七百户。
元封元年正月壬午封,九年薨。	四月封。
大初四年,[186]侯首嗣,十四年,後二年,[187]坐祝詛上,要斬。	侯奉漢嗣,後二年,坐祝詛上,要斬。
濟陽[188]	南陽

繚嫈侯劉福[191]	蘜兒嚴侯轅終古[194]
以校尉從橫海將軍擊南越侯。[192]	以軍卒斬東越徇北將軍侯。[195]
正月乙卯封,[193]二年, 有辠, 免。	閏月癸卯封, 六年, 太初元年薨, 亡後。

開陵侯建成[196]	臨蔡侯孫都[200]
以故東粵建成侯與繇王斬餘善侯,[197]二千户。	以南粵郎,[201]漢軍破番禺,爲伏波得南粵相吕嘉,[202]侯,千户。
閏月癸卯封。	閏月癸卯封。
侯禄嗣,延和三年,坐舍衞太子所私幸女子,又祝詛上,要斬。[198]	侯襄嗣,太初元年,坐擊番禺奪人虜掠,死。
臨淮[199]	河内[203]

東城侯居股[204]	無錫侯多軍[206]
以故東粵繇王斬東粵王餘善侯，萬戶。	以東粵將軍，漢兵至，棄軍降，侯，千戶。
閏月癸卯封，二十年，延和三年，坐衞太子舉兵謀反，要斬。	元年封。[207]
	侯卯嗣，延和四年，坐與歸義趙文王將兵追反虜，[208]到弘農擅棄兵還，[209]贖罪，免。
九江[205]	會稽[210]

涉都侯喜[211]	平州侯王唊[213]
以父棄故南海太守,[212]漢兵至,以越邑降,子侯,二千四十户。	以朝鮮將,漢兵降,[214]降,千四百八十户。[215]
元年封,八年,太初二年薨,亡後。	三年四月丁卯封,四年薨,亡後。
南陽	梁父[216]

荻苴侯韓陶[217]	澅清侯參[220]
以朝鮮相將，漢兵圍之，降，侯五百四十户。[218]	以朝鮮尼谿相使人殺其王右渠，[221]降，侯，千户。
四月丁卯封，十九年，延和二年薨，封終身，不得嗣。	六月丙辰封，十一年，天漢二年，[222]坐匿朝鮮亡虜，下獄病死。
勃海[219]	齊[223]

騠兹侯稽谷姑[224]	浩侯王㤜[229]
以小月氏右苴王將衆降侯,[225]侯,千九百户。[226]	以故中郎將將兵捕得車師王,[230]侯。
四年十一月丁未封,[227]三年,太初元年薨,亡後。	正月甲申封,一月,坐使酒泉矯制害,[231]當死,贖罪,免。[232]
琅邪[228]	

瓡讘侯扞者[233]	幾侯張陷[236]
以小月氏王將軍衆千騎降，侯，七百六十户。	以朝鮮王子漢兵圍朝鮮降侯。
正月乙酉封，二年薨。	三年癸未封，六年，使朝鮮，謀反，格死。[237]
六月，侯勝嗣，五年，[234]天漢二年薨，制所幸封，不得嗣。	
河東[235]	河東

涅陽康侯最[238]	海西侯李廣利[241]
以父朝鮮相路人，漢兵至，首先降，道死，子侯。	以貳師將軍擊大宛斬王，[242]侯，八千戶。
三月壬寅封，[239]五年，太初元年薨，亡後。	太初四年四月丁巳封，十一年，[243]延和三年，擊匈奴兵敗，降。
齊[240]	

新時侯趙弟[244]	承父侯續相如[249]
以貳師將軍騎士斬郁成王首，侯。[245]	以使西城發外王子弟，[250]誅斬扶樂王首，[251]虜二千五百人，侯，千百五十户。
四月丁巳封，十年。[246]太始三年，[247]坐爲太常鞠獄不實，入錢百萬贖死，而完爲城旦。[248]	太初三年五月封，[252]五年，延和四年四月癸亥，坐賊殺軍吏，謀入蠻夷，祝詛上，要斬。
齊	東萊[253]

開陵侯成娩[254]	
以故匈奴介和王將兵擊車師,[255]不得封年。[256]	
侯順嗣。	
質侯褒嗣,薨,亡後。	元延元年六月乙未,釐侯級以褒弟紹封,千二十户。
	侯參嗣,王莽敗,[257]絕。

秺侯商丘成[258]	重合侯莽通[262]
以大鴻臚擊衛太子，[259] 力戰，亡它意，侯，二千一百二十户。	以侍郎發兵擊反者如侯，[263] 侯，四千八百七十户。
延和二年七月癸巳封，四年，後二年，坐爲詹事侍孝文廟，[260] 醉歌堂下曰"出居，安能鬱鬱"，大不敬，自殺。	七月癸巳封，四年，後二年，[264] 坐發兵與衛尉潰等謀反，[265] 要斬。
濟陰[261]	勃海

德侯景建[266]	題侯張富昌[269]
以長安大夫從莽通共殺如侯,[267]得少傅石德,[268]侯,三千七百三十五户。	以山陽卒與李壽共得衞太子,[270]侯,八百五十八户。
七月癸巳封,四年,後二年,坐共莽通謀反,要斬。	九月封,四年,後二年四月甲戌,爲人所賊殺。
濟南	鉅鹿

邛侯李壽[271]	轑陽侯江喜[274]
以新安令史得衞太子，[272]侯，一百五十户。	以圍嗇夫捕反者故城父令公孫勇侯，[275]千一百二十户。[276]
九月封，三年，坐爲衞尉居守，擅出長安界，送海西侯至高橋，[273]又使吏謀殺方士，不道，誅。	三年十一月封。
	六年，侯仁嗣，永光四年，[277]坐使家丞上書還印符，[278]隨方士，[279]免。
河内	清河[280]

當塗康侯魏不害[281]	蒲侯蘇昌[286]
以圍守尉捕反者淮陽胡倩侯,[282]侯聖與議定策,[283]益封,凡二千二百户。	以圍小史捕反者故越王子鄒起侯,[287]千二十六户。
十一月封,薨。	十一月封。[288]
愛侯聖嗣。	侯夷吾嗣,鴻嘉三年,[289]坐婢自贖爲民後略爲婢,免。
剌侯楊嗣。	
戴侯向嗣。	
九江 侯堅居嗣,居攝二年,[284]更爲翼漢侯,[285]王莽篡位,爲翼新侯,莽敗,絶。	琅邪

丞父侯孫王[290]

以告反者太原白義等侯,[291]千一百五十户。

四年三月乙酉封,三年,始元元年,坐殺人,會赦,免。

東萊

右孝武七十五人。武安、周陽、長平、冠軍、平津、周子南、樂通、牧丘、富民九人在《外戚恩澤》,[292]南奅、龍頟、宜春、陰安、發干五人隨父,[293]凡八十九人,王子不在其中。

　　[1]【今注】翕:此地原封翕侯邯鄲,國除後改封趙信。趙信,傳見本書卷五五。

　　[2]【今注】相國:匈奴官名。本書卷九四上《匈奴傳上》載匈奴官制,於二十四長下有"相"(《史記》卷一一〇《匈奴列傳》作"相封"),或此官名本作"相邦",避劉邦諱改作"相國"。

　　[3]【今注】元朔二年:公元前 127 年。案,二年,大德本同,蔡琪本、殿本作"三年",《史記·建元以來侯者年表》亦作"二年"。本書卷九四上《匈奴傳上》亦載武帝元朔二年衛青擊匈奴,當以"二年"爲是。　案,匈奴益封,蔡琪本同,大德本、殿本作"匈奴功益封",

　　[4]【今注】案,《史記·建元以來侯者年表》"十月"作"七月"。

　　[5]【今注】右將軍:案,王先謙《漢書補注》曰:"右"當爲"前",見本書《匈奴傳》及本傳,《史記·建元以來侯者年表》亦作"前將軍"。

　　[6]【今注】持轅:侯國名。在南陽郡。王先謙《漢書補注》曰:《史記·建元以來侯者年表》作"持裝","裝"字司馬貞《索隱》引"《漢表》作'轅',在南陽"。持,蔡琪本、殿本同,大德本作"特"。

　　[7]【今注】都尉:匈奴官名。匈奴二十四長下有千長、百長、什長、郫小王、相、都尉等官。

　　[8]【今注】案,元年,蔡琪本、大德本、殿本作"元朔元年",當據改。元朔元年,即公元前 128 年。

[9]【今注】元鼎元年：公元前 116 年。《史記‧建元以來侯者年表》作“元光六年”。

[10]【今注】南陽：郡名。治宛縣（今河南南陽市宛城區）。

[11]【顏注】師古曰：氏音支。【今注】親陽：侯國名。馬孟龍《西漢侯國地理》認爲在今河南泌陽縣羊册鄉古城村（第 42 頁）。

[12]【今注】案，錢大昭《漢書辨疑》卷七，閩本無“元朔”二字，當省。

[13]【今注】舞陽：王念孫《讀書雜志‧漢書第三》認爲，“陽”當作“陰”。本書《地理志》及酈道元《水經注》並言灈水出南陽舞陰。此侯封在灈水之北，舞水之南，故曰灈陽，而其地則屬舞陰。

[14]【今注】若陽：侯國名。馬孟龍《西漢侯國地理》云，今河南桐柏縣平氏鎮（第 42 頁）。

[15]【今注】平氏：縣名。治所在今河南唐河縣東南。

[16]【今注】平陵：侯國名。馬孟龍《西漢侯國地理》云，在今湖北丹江口市西北舊均縣北（第 424 頁）。

[17]【今注】都尉：本書卷五四《李廣蘇建傳》、卷五五《衛青霍去病傳》作“校尉”，《史記‧建元以來侯者年表》亦作“都尉”。　車騎將軍：漢初爲臨時將軍之號，掌領車騎士，事訖即罷。武帝後常設，地位次於大將軍、驃騎將軍。此次出征在武帝元朔五年（前 124），車騎將軍指衛青。

[18]【今注】游擊將軍：漢代雜號將軍之一。武帝時有游擊將軍韓説。

[19]【今注】三月丙辰：《史記‧建元以來侯者年表》“三月”前有“二年”。本書卷五五《衛青霍去病傳》亦作武帝元朔二年“青校尉蘇建爲平陵侯”。

[20]【今注】前將軍：武官名。位居大將軍、驃騎將軍、車騎將軍之後，與後、左、右將軍同級。案，《史記‧建元以來侯者

年表》"前"作"右"，本書卷五四《李廣蘇建傳》、卷五五《衞青霍去病傳》均作"右將軍"，當據改。

  [21]【今注】武當：縣名。治所在今湖北均縣西北。

  [22]【今注】岸頭：侯國名。治所在今山西河津市西。

  [23]【今注】案，《史記·建元以來侯者年表》"五月己巳"作"六月"。

  [24]【顏注】師古曰：陵，淮南王安女名也。【今注】淮南王：劉安。傳見本書卷四四。

  [25]【今注】皮氏：縣名。治所在今山西河津市。

  [26]【今注】涉安：封號名。指匈奴來登涉長安。馬孟龍《西漢侯國地理》認爲，此侯國或與涉都侯國同地，在今湖北穀城縣東（第440頁）。

  [27]【今注】單于：匈奴部落聯盟首領的專稱。代指匈奴。本書卷九四上《匈奴傳上》載，全稱作"撐犁孤塗單于"。"撐犁"，匈奴語意爲"天"，"孤塗"意爲"子"，"單于"意爲"廣大"。此時匈奴單于爲軍臣單于。

  [28]【今注】案，據本書卷九四《匈奴傳》，漢武帝元朔三年（前126），軍臣單于死，其弟左谷蠡王伊稚斜自立爲單于，攻敗軍臣單于太子於單。於單亡降漢，漢封於單爲陟安侯，數月死。封亡後，蔡琪本、大德本、殿本作"亡後"，無"封"字。

  [29]【今注】昌武：王先謙《漢書補注》認爲，"昌武"當作"武昌"，自舞陽分出，國除後省併，故《志》不載。昌武侯，蔡琪本、大德本同，殿本作"武昌侯"。《史記·建元以來侯者年表》作"堅侯"。

  [30]【今注】驃騎將軍：漢武帝時置，爲重號將軍，僅次於大將軍。此處指衞青。案，驃，大德本、殿本同，蔡琪本作"票"。案，擊左王，大德本同，蔡琪本、殿本作"擊左右王"。左王，左賢王。匈奴官名。又稱左屠耆王。其名稱來自匈奴語"屠耆"，漢譯爲"賢"。匈奴出兵，單于領中部，左賢王居東，右賢王居西。

《史記·建元以來侯者年表》作"左賢王"，此處省略。

[31]【今注】太初元年：公元前 104 年。太初，漢武帝年號（前 104—前 101）。

[32]【顏注】師古曰：此龍蓋匈奴名耳，而說者以爲龍桀，非也。【今注】襄城：侯國名。治所在今河南襄城縣。梁玉繩《史記志疑》卷一三認爲，當作"襄武"。在今甘肅隴西縣東南。 桀龍：《史記·建元以來侯者年表》作"無龍"。裴駰《集解》一云"乘龍"。

[33]【今注】案，自元朔四年（前 125）被封，至太初元年（前 104），合"二十二年"，則"三十二"當作"二十二"。 浞野侯：趙破奴。案，本書卷五五《衛青霍去病傳》載，漢武帝太初二年（前 103）七月，趙破奴率軍二萬擊匈奴左王，被俘。在匈奴生活十餘年，後逃回漢朝。後坐巫蠱，被族。

[34]【今注】瘐死：病死於獄中。

[35]【今注】襄垣：縣名。治所在今山西襄垣縣北。梁玉繩《史記志疑》卷一三認爲，當作"相桓"，王莽改襄武爲相桓。

[36]【今注】安樂：縣名。《史記·建元以來侯者年表》作"樂安"。治所在今山東博興縣東北。

[37]【今注】案，《史記·建元以來侯者年表》"乙巳"作"丁未"。

[38]【今注】元狩五年：公元前 118 年。

[39]【今注】案，《史記·建元以來侯者年表》"丞相"下"侵賣園陵道壖地"作"侵盜孝景園神道壖地"。壖地，古代陵墓有廟，廟周圍有墙，墙外空地即爲壖地。

[40]【今注】昌：王先謙《漢書補注》認爲，"昌"上當有奪文。據酈道元《水經注·濟水》，濟水自高昌逕樂安而至博昌，是高昌、博昌並樂安臨境，樂安殆分二縣地置。"昌"上字或"高"或"博"（第 450 頁）。

[41]【今注】合騎：侯國名。馬孟龍《西漢侯國地理》云，

在今河北鹽山縣東南故城。

［42］【今注】護軍都尉：武官名。初爲臨時設置的監領軍隊、協調各將領之間關係的官職。　大將軍：指衛青。

［43］【今注】右王庭：匈奴右賢王所管轄的地區。

［44］【今注】票騎將軍：指霍去病。

［45］【顔注】師古曰：懦音乃喚反，又曰音而掾反。

［46］【今注】高城：侯國名。治所在今河北鹽山縣東南。

［47］【顔注】師古曰：軹音只。【今注】軹：侯國名。治所在今山東淄博市臨淄區朱臺鎮南。《史記·建元以來侯者年表》作“涉軹”。

［48］【今注】校尉：武官名。秦漢時期中級武官，係由一部一校的軍隊編制而來。低於將軍。

［49］【今注】得虜：《史記·建元以來侯者年表》“得”下有“王”字。　閼氏：漢時匈奴單于、諸王之妻的統稱或尊稱。又作“焉提”“閼支”。此處指右賢王妻。

［50］【今注】案，王先謙《漢書補注》據蘇輿説：六年即武帝元狩四年（前119）。本書卷五五《衛青霍去病傳》載，武帝元朔五年（前124），封軹侯。至武帝元狩四年，正爲“六年”。《史記·建元以來侯者年表》作“元年，有罪，國除”。《史記·建元以來侯者年表》“乙卯”作“丁未”。“當”字衍。

［51］【今注】西安：縣名。治所在今山東淄博市臨淄區朱臺鎮南。

［52］【今注】從平：侯國名。治所在今河南南樂縣西北。

［53］【今注】鴈行：在隊伍前面帶頭。

［54］【今注】上黨：王先謙《漢書補注》引陳景雲説，上黨乃内地，非邊郡，不與匈奴接壤，當從《史記·建元以來侯者年表》作“上郡”。治膚施（今陝西榆林市東南）。

［55］【今注】樂昌：縣名。治所在今河南南樂縣西北。

［56］【今注】隨城：侯國名。分千乘縣置。《史記·建元以來

侯者年表》作"隨成"，梁玉繩《史記志疑》卷一三認爲，即封號。

　　[57]【顏注】師古曰：辰吾水之上也，時匈奴軍在焉。山絶沓疊，音門。【今注】辰吾：水名。　石罋：山峽中兩岸石崖相對峙如門。《史記·建元以來侯者年表》作"石累"。

　　[58]【顏注】師古曰：謾，音漫（蔡琪本、大德本、殿本作"謾，詐也，音漫"）。【今注】定襄：郡名。治成樂（今内蒙古和林格爾縣盛樂鎮土城子村古城）。

　　[59]【今注】千乘：縣名。治所在今山東高青縣東南。

　　[60]【今注】博望：縣名。治所在今河南南陽市東北。

　　[61]【今注】案，王先謙《漢書補注》曰："道水"當作"水道"。《史記·建元以來侯者年表》作"水道"。　大夏：中亞古國名。在今阿富汗北部。都藍市城（今阿富汗巴里黑）。

　　[62]【顏注】師古曰：郝音呼各反，又式亦反。【今注】衆利：鄉名。在姑莫縣。《西漢侯國地理》云，今山東安丘市石埠子鎮石埠子村。

　　[63]【今注】上谷：郡名。治沮陽（今河北懷來縣大古城村）。

　　[64]【顏注】師古曰：上財物之計簿而欺謾不實。【今注】元狩二年：公元前 121 年。

　　[65]【今注】姑莫：縣名。治所在今山東安丘市東南。

　　[66]【今注】潦：侯國名。治所以今河南舞陽縣西北。　案，援，《史記·建元以來侯者年表》作"煖"。

　　[67]【今注】元狩元年：公元前 122 年。

　　[68]【今注】案，年薨，蔡琪本、大德本、殿本作"二年薨"。

　　[69]【顏注】師古曰：票音頻妙反。【今注】從票：《史記·建元以來侯者年表》作"從驃"。因從票騎得功，故以名其侯國。

　　[70]【今注】司馬：武官名。軍司馬。將軍、校尉的屬官，掌指揮、軍法、軍需等工作。

[71]【今注】案,《史記・建元以來侯者年表》"丙戌"作
"丁丑"。

[72]【今注】元封三年:公元前 108 年。元封,漢武帝年號
(前 110—前 105)。

[73]【今注】匈奴河將軍:武官名。漢代將軍稱號,因匈奴
河得名。顏師古注引臣瓚説"匈河,水名,在匈奴中,去令居千
里"。河,大德本、殿本同,蔡琪本作"何"。 樓蘭:西域古國
名。後改名鄯善。在今新疆羅布泊西。

[74]【今注】浚稽將軍:武官名。漢代將軍稱號,因浚稽山得
名。浚稽山,在今內蒙古居延海以北,蒙古國南部鄂洛克泊以南。

[74]【今注】宜冠:侯國名。在昌縣。

[76]【今注】歸義:歸附漢朝。

[77]【顏注】師古曰:增加所獲首級之數也。【今注】案,王
先謙《漢書補注》曰"五月庚戌",《史記・建元以來侯者年表》
作"正月己亥"。

[78]【顏注】師古曰:輝音許圍反。【今注】輝渠:鄉名。在
今河南魯山縣城南關。

[79]【今注】元鼎四年:公元前 113 年。

[80]【今注】案,元鼎四年至延和二年(前 91)當爲二十三年。

[81]【今注】延和三年:公元前 90 年。延和,漢武帝年號
(前 92—前 89)。案,"延"當爲"征"。延,大德本同,蔡琪本、
殿本作"征"。下同不注。

[82]【今注】五原:郡名。治九原(今內蒙古包頭市九原
區)。 屬國都尉:官名。漢武帝後置屬國於西北邊郡,安置內附
少數民族,設都尉主之,掌民政軍事,兼負戍衛邊塞之責。秩比二
千石。 二師將軍:李廣利。傳見本書卷六一。案,二師將軍,蔡
琪本、大德本、殿本作"貳師將軍"。

[83]【今注】魯陽:縣名。治所在今河南魯山縣。

[84]【顏注】師古曰:譁字與呼同。【今注】下摩:侯國名。

在猗氏縣。又作"下麾"。

　　〔85〕【顔注】師古曰：軒音居言反。

　　〔86〕【今注】神爵三年：公元前 59 年。神爵，漢宣帝年號（前 61—前 58）。

　　〔87〕【今注】弋居山：山名。在今甘肅寧縣南。

　　〔88〕【顔注】師古曰：惡師，地名，有官所置居室。【今注】案，王先謙《漢書補注》引陳景雲説：惡師，烏孫國中地名，見《常惠傳》。謂違詔而携家擅居惡師地。

　　〔89〕【今注】猗氏：縣名。治所在今山西臨猗縣南。

　　〔90〕【顔注】師古曰：濕音吐合反。昆音胡門反（大德本、殿本同，蔡琪本無"音"字）。【今注】濕陰：縣名。治所在今山東禹城市東北。《史記・建元以來侯者年表》作"漯陰"。 昆邪：匈奴昆邪王。又作"渾邪"。武帝元狩二年（前 121）降漢。

　　〔91〕【今注】案，三年，大德本、蔡琪本同，殿本作"二年"。

　　〔92〕【今注】案，四月，朱一新《漢書管見》卷一曰：當作"四年"。大德本、殿本同，蔡琪本作"四年"。

　　〔93〕【今注】元封五年：公元前 106 年。

　　〔94〕【今注】平原：郡名。治平原（今山東平原縣南）。

　　〔95〕【顔注】師古曰：疕音足履里反。【今注】煇渠：王先謙《漢書補注》據司馬貞《索隱》韋昭云，僕多所封作"煇渠"，應疕所封作"渾渠"。二者皆鄉名，在魯陽。慎，當作"悼"。應疕，當作"應庀"。

　　〔96〕【今注】案，三，大德本、殿本同，蔡琪本作"二"。自元狩三年（前 120）下推五年，爲元鼎二年（前 115）。

　　〔97〕【今注】河綦：侯國名。在濟南郡。

　　〔98〕【今注】右王：匈奴右賢王。

　　〔99〕【今注】本始二年：公元前 72 年。本始，漢宣帝年號（前 73—前 70）。

[100]【顏注】師古曰：鞮音丁奚反。

[101]【今注】濟南：郡名。治東平陵（今山東濟南市章丘區西北）。

[102]【今注】常樂：侯國名。在濟南郡。 侯稠雕：王先謙《漢書補注》曰：《史記·建元以來侯者年表》“侯”上多“肥”字。司馬貞《索隱》：“《漢書·衛青傳》作‘彫離’。”錢大昭《漢書辨疑》云本傳作“調雖”，注云“《功臣表》作‘稠睢’”。

[103]【今注】大當户：匈奴官名。冒頓單于時始置。分左、右。位次左、右大都尉，以單于同姓貴族擔任。分別統軍作戰，爲匈奴二十四個萬騎長之一。

[104]【顏注】師古曰：當户，匈奴官名也。

[105]【今注】太初三年：公元前 102 年。

[106]【今注】太始元年：公元前 96 年。太始，漢武帝年號（前 96—前 93）。

[107]【今注】邧離：縣名。又作“符離”。治所在今安徽宿州市埇橋區東北。

[108]【今注】右北平：郡名。治平剛（今内蒙古寧城縣西）。屬幽州刺史部。

[109]【顏注】師古曰：得重，得輜重也。會期，不失期也。

[110]【今注】朱虛：縣名。治所在今山東臨朐市東南。據上文邧離，當作“沛縣”。

[111]【今注】義陽：侯國名。治所在今河南義陽市東南。

[112]【今注】北地：郡名。治馬領（今甘肅慶陽市西北馬嶺鎮）。北地原治義渠（今甘肅寧縣西北）。漢武帝元鼎三年（前 114），從北地郡析置安定郡，治所在高平（今寧夏固原市原州區），將北地郡治移馬領。

[113]【今注】案，《史記·建元以來侯者年表》作“擊左王，得王”。

[114]【今注】太始四年：公元前 93 年。

［115］【今注】案，死，大德本、殿本同，蔡琪本作“免”。

［116］【今注】平氏：縣名。治所在今河南唐河縣東南。

［117］【今注】杜：鄉名。治重平縣（今河北吳橋縣南）。

［118］【今注】因瓽王：匈奴王名。王先謙《漢書補注》引《史記·建元以來侯者年表》“瓽”作“滈”，與本書卷五五《衛青霍去病傳》合，此處有誤。

［119］【今注】案，《史記·建元以來侯者年表》“三千”作“二千”。

［120］【今注】重平：縣名。治所在今山東德州市東北。

［121］【今注】何平四年：公元前 25 年。案，“何平”當爲“河平”，底本誤。河平，漢成帝年號（前 28—前 25）。

［122］【顏注】師古曰：軒音居言反。【今注】衆利：鄉名。屬姑幕縣。在今山東諸城市西北。　侯伊即軒：《史記·建元以來侯者年表》“侯”上有“質”字。

［123］【今注】樓剸王：匈奴王名。

［124］【今注】案，蔡琪本、大德本、殿本“手劍合”下有“侯”字。

［125］【顏注】師古曰：手用劍而合戰也。剸音專，又之究反。【今注】案，王先謙《漢書補注》曰：《史記·建元以來侯者年表》“左”作“右”，“手”下有“自”字。司馬貞《索隱》“手自劍，謂手刺其王而合戰”。

［126］【今注】元封六年：公元前 105 年。

［127］【今注】始元五年：公元前 82 年。始元，漢昭帝年號（前 86—前 80）。案，始元，大德本、蔡琪本同，殿本作“元始”。

［128］【今注】爲諸縣：王先謙《漢書補注》云：諸、姑莫並屬瑯邪郡。衆利析自姑莫，後併入諸縣。案，縣，大德本、殿本同，蔡琪本作“侯”。

［129］【今注】湘成：侯國名。治所在今河南方城縣東。

［130］【今注】符離王：匈奴王名。武帝元狩四年降漢。

[131]【今注】陽成：縣名。治所在今河南方城縣東。

[132]【今注】散：侯國名。馬孟龍《西漢侯國地理》云，今河南登封市告城鄉告城村。　侯董舍吾：王先謙《漢書補注》云：《史記·建元以來侯者年表》作"董荼吾"。司馬貞《索隱》："劉氏荼音大姑反，蓋誤耳。今以其人名余吾。余吾，匈奴水名也。"據此，知所見《漢表》不作"舍吾"。

[133]【今注】案，《史記·建元以來侯者年表》作"六月丁卯"。

[134]【今注】征和三年：公元前 90 年。

[135]【今注】案，死，大德本、殿本同，蔡琪本作"免"。

[136]【今注】臧馬：侯國名。治所在今山東臨朐市東南。

[137]【顏注】師古曰：膫音遼。【今注】膫：侯國名。治所在今河南舞陽縣西北。

[138]【今注】術陽：侯國名。治所在今江蘇睢寧縣古邳鎮。

[139]【今注】南越：古代越人的一支，主要分布在嶺南地區。秦末，趙佗稱南越王，都番禺（今廣東廣州市番禺區）。傳見本書卷九五。

[140]【今注】案，《史記·建元以來侯者年表》作"有罪國除"。　南海：南越。

[141]【今注】下邳：縣名。治所在今江蘇邳州市南。

[142]【顏注】師古曰：摎音居求反（摎，殿本同，蔡琪本、大德本作"樛"；求，蔡琪本、大德本、殿本作"虬"）。【今注】龍：《史記·建元以來侯者年表》作"龍亢"。縣名。在今安徽蒙城縣東南。　案，摎，殿本同，蔡琪本、大德本作"樛"。

[143]【今注】案，《史記·建元以來侯者年表》"樂"作"世樂"。

[144]【今注】案，此處"六年"當作"六月"，三月封，閏六月免，正合武帝元鼎五年（前 112）九月酎金不如法、免百六侯事。本書卷六《武紀》曰：元鼎五年"九月，列侯坐獻黃金酎祭宗

廟不如法奪爵者百六人。"

[145]【今注】成安：鄉名。馬孟龍《西漢侯國地理》云，今河南汝州市廟下鄉古城村（第 463 頁）。

[146]【今注】案，本書卷九五《南粵傳》作"故濟北相韓千秋"。

[147]【今注】太常：官名。漢九卿之一。掌宗廟禮儀等。原作奉常，景帝中元六年（前 144）改名。秩中二千石。 大行令：官名。漢九卿之一大鴻臚屬官。秦時稱典客，景帝中元六年更名大行令。掌管諸郎官。武帝太初元年（前 104），大行令改爲大鴻臚，其屬官行人改名大行令。

[148]【顏注】師古曰：當有所興發，因其遲留故闕之。【今注】案，"之興"三句，因耽誤官府徵集物資而被罰入穀贖罪。王先謙《漢書補注》云，延年後擊匈奴戰死，見本書卷五四《李陵傳》。

[149]【顏注】師古曰：音夾。【今注】郟：縣名。治所在今河南臨汝縣東南。

[150]【顏注】師古曰：絫音力追反。【今注】昆：侯國名。治所在今河北平鄉縣西南。

[151]【今注】大首渠：匈奴官名。冒頓單于時始設置，爲匈奴二十四個"萬騎長"下屬武官。當作"大且渠"。《史記·建元以來侯者年表》"首"作"且"。

[152]【今注】地節四年：公元前 66 年。地節，漢宣帝年號（前 69—前 66）。

[153]【今注】鉅鹿：縣名。治所在今河北平鄉縣西南。

[154]【顏注】師古曰：騏音其。【今注】騏：縣名。治所在今山西新絳縣西北。 駒幾：《史記·建元以來侯者年表》引裴駰《集解》"一云騎幾"。

[155]【今注】屬國騎：歸附漢朝的匈奴騎兵被編入屬國的軍隊，成爲"屬國騎"。

[156]【今注】案，錢大昭《漢書辨疑》卷七曰：本書《百官公卿表》"建始元年，騏侯駒普爲太常，數月薨"，"普"即"督"。

[157]【今注】陽朔二年：公元前 23 年。陽朔，漢成帝年號（前 24—前 21）。

[158]【今注】北屈：縣名。治所在今山西吉縣東北。

[159]【今注】元延元年：公元前 12 年。元延，漢成帝年號（前 12—前 9）。

[160]【今注】梁期：縣名。治所在今河北磁縣東北。

[161]【顏注】師古曰：絫音力追反。縵音莫漢反。【今注】屬國都尉：官名。掌管理屬國事務，兼戍衞邊塞。秩比二千石。漢武帝元狩三年（前 120）置五屬國於西北邊郡，安置内附匈奴，沿其舊俗，置匈奴官號，而設都尉主之。《史記·建元以來侯者年表》"將軍"作"得復"。

[162]【今注】案，王先謙《漢書補注》曰：《史記·建元以來侯者年表》作"五年七月辛巳"，此不書月，有誤。"五年"當爲"五月"。

[163]【今注】案，王先謙《漢書補注》引蘇輿説：本書卷六《武紀》載，武帝元狩五年"天下馬少，平牡馬匹二十萬"，如淳云"貴平牡馬賈，欲使人競畜馬"。此處賤其直，故以過平罪之，又犯臧五百以上，免官。匹，大德本、殿本同，蔡琪本作"疋"。

[164]【今注】膫：侯國名。治所在今河南舞陽縣西。

[165]【今注】案，《史記·建元以來侯者年表》無"軍"字。

[166]【今注】將梁：鄉名。治廣望縣（今河北高陽縣西）。

[167]【今注】樓舩將軍：武官名。漢武帝時置，掌統率水軍出征。案，舩，大德本作"舡"，蔡琪本、殿本作"船"。　椎鋒：前鋒部隊。《史記·建元以來侯者年表》"椎"作"推"。椎，大德本、殿本同，蔡琪本作"推"。

[168]【今注】朝鮮：古國名。燕人衞滿滅古朝鮮，都王險城（今朝鮮平壤市）。漢武帝元封三年（前 108）破之，置樂浪、臨

屯、玄菟、真番四郡。

［169］【顏注】師古曰：簡，枚也。音古賀反。

［170］【顏注】師古曰揭音竭。【今注】安道：侯國名。在南陽郡。　揭陽定：周壽昌《漢書注校補》卷九曰：《史記·建元以來侯者年表》作“揭陽令定”，卷一一三《南越列傳》作“史定”。史書失其姓氏。下文作“揭陽令”。揭陽，縣名。治所在今廣東揭陽市西北。

［171］【今注】延和四年：公元前89年。

［172］【今注】隨桃：侯國名。在南陽郡。　案，頃，大德本、殿本同，蔡琪本作“湏”。

［173］【今注】蒼梧王：秦末漢初南越國分封的王國。傳見本書卷九五。

［174］【今注】本始元年：公元前73年。

［175］【今注】元始五年：公元5年。元始，漢平帝年號（1—5）。王先謙《漢書補注》引司馬貞《索隱》“表在南陽”，認爲此處奪“南陽”二字。

［176］【今注】湘成：侯國名。治所約在今河南登封市或商水縣境內（確址已不可考）。

［177］【今注】桂林：郡名。治布山縣（今廣西桂平市西南）。
　監：郡監。掌監察一郡政務。《史記》卷六《秦始皇本紀》載，秦始皇分天下爲三十六郡，郡置守、尉、監。　番禺：縣名。治所在今廣東廣州市番禺區。

［178］【今注】甌駱：西甌、駱越。西甌在南越以西，在桂江、潯江流域；駱越在西甌的西南面，在邕江流域和越南北部紅河流域一帶。（參見覃聖敏《西甌駱越新考》，《百越研究》2007年第1輯）。

［179］【今注】五鳳四年：公元前54年。五鳳，漢宣帝年號（前57—前54）。

［180］【今注】九真：郡名。治胥浦（今越南清化市西北）。

［181］【今注】堵陽：縣名。治所在今河南方城縣東。

［182］【今注】海常：侯國名。在琅邪郡。

［183］【今注】伏波司馬：官名。伏波將軍路博德的屬官。本書卷六五《東方朔傳》載，校司馬蘇弘得建德，爲海常侯。

［184］【今注】外石：侯國名。馬孟龍《西漢侯國地理》認爲，當在濟南郡，在今山東濟南市長清區東。《史記·建元以來侯者年表》作“北石”，本書卷六五《東方朔傳》作“卯石”。

［185］【今注】東越衍侯佐谿王：武帝建元六年（前135），漢立谿君丑爲閩越王，立餘善爲東越王。武帝元封元年（前110），餘善反，《史記·建元以來侯者年表》“佐谿王”下有“斬餘善”三字。　案，公侯，蔡琪本、大德本、殿本作“功侯”。

［186］【今注】大初四年：即太初四年，公元前101年。

［187］【今注】案，二年，大德本、殿本同，蔡琪本作“三年”。

［188］【今注】濟陽：縣名。治所在今河南蘭考縣東北。案，濟陽，大德本、殿本同，蔡琪本作“濟南”。

［189］【顏注】師古曰：酈音孚。【今注】下酈：《史記·建元以來侯者年表》作“下酈”。即酈縣，治所在今河南南召縣南。

［190］【今注】甌駱左將：武官名。南越所置管理甌駱的職官。

［191］【顏注】師古曰：繚音聊。嫈音於耕反。【今注】繚嫈：侯國名。其地不詳。

［192］【今注】橫海將軍擊南越侯：橫海將軍，韓說。王先謙《漢書補注》曰：《史記·建元以來侯者年表》“南”作“東”，是，此誤；“將軍”下有“說”字。

［193］【今注】案，正月，《史記·建元以來侯者年表》作“五月”。

［194］【顏注】師古曰：葤音御。【今注】葤兒：侯國名。治所在今浙江桐鄉市東南。本書卷九五《西南夷兩粵朝鮮傳》作

"語兒"。　嚴:《史記·建元以來侯者年表》作"莊"。

　　[195]【今注】案,事在漢武帝元封元年(前110)。

　　[196]【今注】開陵:侯國名。在臨淮郡。

　　[197]【今注】案,本書卷九五《西南夷兩粵朝鮮傳》載故粵建成侯敖與繇王居股謀,俱殺餘善,以其衆降橫海軍。與此不同。

　　[198]【顏注】師古曰:舍謂居止也。【今注】衞太子:劉據。傳見本書卷六三。

　　[199]【今注】臨淮:郡名。治徐縣(今江蘇泗洪縣南)。

　　[200]【今注】臨祭:侯國名。在河內郡。案,祭,蔡琪本、大德本、殿本作"蔡"。

　　[201]【今注】郎:官名。或稱郎官、郎吏。掌守皇宮門户,出行充皇帝車騎。有議郎、中郎、侍郎、郎中等。秩自比六百石至比三百石不等,無定員。

　　[202]【今注】南粵相吕嘉:漢武帝元鼎四年(前113),南粵王趙興及太后摎氏向漢朝上書請求内屬,吕嘉舉兵反叛,殺南粵王、太后及漢朝使者。次年秋,武帝以衞尉路博德爲伏波將軍進討,吕嘉兵敗被殺。

　　[203]【今注】河内:郡名。治懷縣(今河南武陟縣西南)。

　　[204]【今注】東城:縣名。治所在今安徽定遠縣東南。　居股:《史記·建元以來侯者年表》作"居服"。

　　[205]【今注】九江:郡名。治壽春邑(今安徽壽縣)。

　　[206]【今注】無錫:縣名。治所在今江蘇無錫市。

　　[207]【今注】元年:漢武帝元封元年(前110)。

　　[208]【今注】歸義趙文王:本匈奴。事迹不詳。

　　[209]【今注】弘農:縣名。治所在今河南靈寶市東北。

　　[210]【今注】會稽:郡名。治吴縣(今江蘇蘇州市)。

　　[211]【今注】涉都:侯國名。治所在今湖北穀城縣東北。王先謙《漢書補注》云,《史記·建元以來侯者年表》"侯"上有"中"字。"喜"作"嘉",酈道元《水經注·沔水》亦作"嘉"。

“喜”字誤。

［212］【今注】南海：郡名。治番禺（今廣東廣州市番禺區）。

［213］【顏注】如淳曰：崍音頰。【今注】平州：城名。在今山東泰安市東。

［214］【今注】案，降，蔡琪本、大德本、殿本作“至”。

［215］【今注】案，千四百八十戶，蔡琪本、大德本、殿本“千”前有“侯”字。

［216］【今注】梁父：縣名。治所在今山東泰安市東南。

［217］【顏注】師古曰：荻音狄。苴音七余反。【今注】荻苴：侯國名。治所在今河北慶雲縣東北。　案，《史記·建元以來侯者年表》“陶”作“陰”。

［218］【顏注】師古曰：爲相而將朝鮮兵。

［219］【今注】勃海：郡名。治浮陽（今河北滄州市舊州鎮）。

［220］【顏注】師古曰：澅音獲，又音胡卦反。【今注】澅清：縣名。治所在今山東淄博市。

［221］【今注】尼谿：衛滿朝鮮官名。相當於“相”。　右渠：衛滿朝鮮最後一代王。

［222］【今注】天漢二年：公元前99年。天漢，漢武帝年號（前100—前97）。

［223］【今注】齊：郡名。治臨淄（今山東淄博市臨淄區）。

［224］【顏注】師古曰：騠音大奚反。

［225］【今注】小月氏：古族名。漢文帝時，因遭匈奴攻擊，月氏大部分西遷至塞種地區（今新疆西部伊犁河流域及其以西一帶），後又西遷至大夏（今阿姆河上游），稱大月氏；一部分進入南山（今祁連山），與羌人雜居，稱小月氏。　右苴王：《史記·建元以來侯者年表》作“若苴王”。案，右，大德本、殿本同，蔡琪本作“古”。

［226］【顏注】師古曰：苴音子余反。

［227］【今注】案，《史記·建元以來侯者年表》“丁未”作

“丁卯”。

[228]【今注】琅邪：郡名。治東武（今山東諸城市）。

[229]【今注】浩：侯國名。今地不詳。

[230]【今注】中郎將：官名。九卿之一郎中令（光禄勳）屬官。掌領諸郎官。秩比二千石。郎官分五官、左、右三署，各有中郎將一人。　車師：西域古國名。都交河城（今新疆吐魯番市西北雅爾湖西）。本名姑師。

[231]【今注】案，王先謙《漢書補注》曰：《史記·建元以來侯者年表》云“四年四月……國除。封凡三月”，此處“一月”當作“三月”。　酒泉：郡名。治禄福縣（今甘肅酒泉市）。

[232]【顏注】如淳曰：《律》，矯詔大害，要斬。有矯詔害，矯詔不害。

[233]【顏注】師古曰：瓡讀與狐同，讘音之涉反。【今注】瓡讘：縣名。治所在今山西永和縣西南。馬孟龍《西漢侯國地理》認爲，此侯國當在琅邪郡。　杅者：王先謙《漢書補注》曰：《史記·建元以來侯者年表》作“扜者”，司馬貞《索隱》“扜，音烏，亦音汙”，“杅”爲誤字。

[234]【今注】六月：王先謙《漢書補注》引蘇輿曰：據上“二年薨”及此五年爲天漢二年，勝嗣封當在元封六年，“月”字誤。《史記·建元以來侯者年表》正作“六年”。　五年：王先謙《漢書補注》曰：元封六年至天漢二年爲六年，此處“五年”亦當作“六年”。

[235]【今注】河東：郡名。治安邑（今山西夏縣西北）。

[236]【顏注】師古曰：路音格，又音各。【今注】幾：侯國名。治所在今河北大名縣東。

[237]【今注】案，王先謙《漢書補注》曰：“三年”當爲“三月”。《史記·建元以來侯者年表》作“四年三月癸未”，又無“格”字，疑衍文。

[238]【今注】涅陽：縣名。治所在今河南南陽市西南。

[239]【今注】案，三，大德本、殿本同，蔡琪本作"二"。

[240]【今注】案，涅陽在南陽郡，不屬齊郡。

[241]【今注】海西：縣名。治所在今江蘇灌南縣東南。

[242]【今注】大宛：西域古國名。在今烏茲別克斯坦費爾干納盆地。都城在貴山城（今烏茲別克斯坦塔什干市東南卡散賽）。

[243]【今注】案，十一，大德本、殿本同，蔡琪本作"十二"。

[244]【今注】新畤：侯國名。在齊郡。

[245]【顏注】師古曰：郁成，西域國名也。【今注】郁成：中亞古國名。在今吉爾吉斯斯坦奧什東北。

[246]【今注】案，底本"四月丁巳封十年"七字在下一格，蔡琪本、大德本、殿本均在此格，據改。十年，蔡琪本同，大德本、殿本作"七年"。王先謙《漢書補注》引蘇輿曰：自太初四年至太始三年爲九年。

[247]【今注】太始三年：公元前94年。

[248]【顏注】如淳曰：鞫者以成辭決罪也（成，蔡琪本、大德本、殿本作"其"）。晉灼曰（灼，蔡琪本同，大德本、殿本作"灼"）：律說出罪爲故縱，入罪爲故不直（大德本、殿本同，蔡琪本無下"故"字）。

[249]【今注】承父：侯國名。在東萊郡。

[250]【今注】西城：即西域。古代指玉門、陽關以西的地區。案，西城，蔡琪本、大德本、殿本作"西域"。

[251]【今注】扶樂王：陳直《漢書新證》按：《流沙墜簡·考釋·稟給一》有簡文："出粟一斗二升，以食莎車續相如上書良家子二人，八月癸卯□。"則扶樂或與莎車同爲西域之國名。

[252]【今注】案，太初，大德本同，蔡琪本、殿本作"太始"。

[253]【今注】東萊：郡名。治掖縣（今山東萊州市）。

[254]【顏注】師古曰：娩音晚，又免。【今注】開陵：侯國

名。在臨淮郡。

　[255]【今注】匈奴介和王：本書卷九六下《西域傳下》，漢武帝天漢二年（前99），以匈奴降者介和王爲開陵侯。

　[256]【今注】案，"不得封年"一句，大德本、殿本同在此格，蔡琪本在下一格。

　[257]【今注】王莽：傳見本書卷九九。

　[258]【顏注】如淳曰：秅音腐蠹。【今注】秅（dù）：縣名。治所在今山東成武縣西北。

　[259]【今注】大鴻臚：官名。原爲秦典客。漢景帝時改名大行令。武帝太初元年（前104）稱大鴻臚，九卿之一。秩中二千石。掌諸侯王及少數民族事務。

　[260]【今注】詹事侍孝文廟：王先謙《漢書補注》曰：本書《百官公卿表》成坐祝詛自殺，與此異。案，成以武帝征和二年（前91）爲御史大夫，此云"爲詹事"，誤。詹事，官名。掌皇后、太子家事。又案，蔡琪本、大德本、殿本"侍"後有"祠"字。

　[261]【今注】濟陰：郡名。治定陶（今山東菏澤市定陶區西北）。

　[262]【今注】重合：侯國名。治所在今山東樂陵市西南。

　[263]【今注】侍郎：官名。光禄勳屬官。漢武帝以後置，爲郎官之一。掌宿衛宮禁，侍奉皇帝。

　[264]【今注】案，二，大德本、殿本同，蔡琪本作"三"。王先謙《漢書補注》引杜貴墀説：據《武紀》，通、何羅謀反在後元年，此作"後二年"，表字誤。

　[265]【今注】衛尉：官名。漢九卿之一。掌未央宮禁衛，領宮門屯駐衛士。秩中二千石。

　[266]【今注】德：侯國名。在濟南郡。

　[267]【今注】長安：縣名。治所在今陝西西安市西北。　大夫：秦漢二十等爵的第五等。

　[268]【今注】少傅：官名。漢代有太子少傅，掌輔導太子。平

帝時，王莽設四輔，始置少傅。　　石德：萬石君石奮少子石慶之子。武帝太初三年（前102）爲太常，坐法當死，贖免爲庶人。本書《百官公卿表下》載，坐廟牲瘦，入穀贖論。後爲衛太子劉據少傅。

[269]【今注】題：縣名。治所在今河北南宮市東。

[270]【今注】山陽：縣名。治所在今河南焦作市東。

[271]【顔注】師古曰：邘音于。【今注】邘：地名。今地不詳。

[272]【今注】新安：縣名。治所在今河南義馬市西。　　令史：縣府屬吏。一般官府的低級官吏亦稱令史。

[273]【今注】高橋：地名。在今陝西西安市灞橋區紅旗鄉高橋村。

[274]【顔注】師古曰：轑章聊。【今注】轑陽：侯國名。馬孟龍《西漢侯國地理》云，在今河北威縣。《史記·建元以來侯者年表》作“潦陽”。

[275]【今注】圉：縣名。治所在今河南杞縣南。　　嗇夫：秦漢時的鄉官，掌訴訟和賦稅。　　城父：縣名。治所在今安徽亳州市東南。

[276]【顔注】師古曰：圉，淮陽縣也。【今注】案，本書卷六《武紀》載公孫勇等反在武帝征和三年（前90）九月，十一月封德等。沈欽韓《漢書疏證》曰：本書卷七《昭紀》載“孝文廟火，太常轑陽侯德免爲庶人”，曰“爲庶人”，則不僅免官，而且奪爵。

[277]【今注】永光四年：公元前40年。永光，漢元帝年號（前43—前39）。　　符：即所剖之符。

[278]【今注】家丞：官名。列侯家臣，掌管理列侯家事。

[279]【今注】隨方士：張宗。沈家本《歷代刑法考·律令卷》（商務印書館2017年版，第666頁）指出，據本書《郊祀志》元帝初元（前48—前44）年間，有天淵玉女、鉅鹿神人、轑陽侯師張宗等方士紛紛出現。顔注“轑陽侯，江仁也，元帝時坐使家丞上印綬隨宗學仙免官”。

[280]【今注】清河：郡名。治清陽（今河北清河縣東南）。

[281]【今注】當塗：縣名。治所在今安徽淮南市東北。

[282]【今注】守尉：試署的縣尉。　淮陽：侯國名。治所在今河南淮陽縣。

[283]【今注】侯聖：王先謙《漢書補注》曰：本書卷六八《霍光傳》作"聖"，卷八《宣紀》作"當塗侯平"，疑有二名。

[284]【今注】居攝二年：公元 7 年。居攝，孺子嬰年號（6—8）。

[285]【今注】案，更，大德本、殿本同，蔡琪本作"受"。

[286]【今注】蒲：侯國名。屬琅琊郡。

[287]【今注】小史：官府小吏。周壽昌《漢書注校補》卷九曰：本書卷九〇《田廣明傳》，昌亦以捕公孫勇侯。

[288]【今注】十一月封：據本書《百官公卿表下》，地節四年（前66），太常蘇昌坐籍霍山書泄秘書免，免官而不免侯，故元康四年（前62）、甘露元年（前53）兩度復以蒲侯爲太常。

[289]【今注】鴻嘉三年：公元前 18 年。鴻嘉，漢成帝年號（前20—前17）。

[290]【今注】丞父：侯國名。屬東萊郡。

[291]【今注】太原：郡名。治晉陽縣（今山西太原市西南）。

[292]【今注】武安：武安侯田蚡。傳見本書卷五二。　周陽：周陽侯田勝。　長平：長平侯衛青。傳見本書卷五五。　冠軍：冠軍侯霍去病。傳見本書卷五五。　平津：平津侯公孫弘。傳見本書卷五八。　周子南：周子南君姬嘉。《史記》卷四《周本紀》載，漢武帝將封泰山，東巡狩至河南，求周朝後裔，封其后姬嘉三十里地，號曰周子南君。　樂通：樂通侯樂大。事迹見本書《郊祀志上》。　牧丘：牧丘侯石慶。　富民：富民侯田千秋。傳見本書卷六六。　外戚恩澤：本書《外戚恩澤侯表》。

[293]【今注】南奅：南奅侯公孫賀。傳見本書卷六六。　龍頟：龍頟侯韓説。　宜春：宜春侯衛伉。　陰安：陰安侯衛不疑。

發干：發干侯衛登。

景武昭宣元成功臣表第五

秺敬侯金日磾[1]	建平敬侯杜延年[6]
以駙馬都尉發覺侍中莽何羅反侯,[2]二千三百一十八戶。	以諫大夫告左將軍等反侯,[7]二千戶,以太僕與大將軍先定策,[8]益封,二千三百六十戶。
始元二年侯,[3]丙子封,一日薨。	元鳳元年七月甲子封,[9]二十八年薨。
始元二年,侯賞嗣,四十二年薨,亡後。[4]	甘露二年,[10]孝侯緩嗣,十九年薨。
孫	竟寧元年,[11]荒侯業嗣,二十四年薨。
元始四年,[5]侯當以日磾曾孫紹侯,千戶,王莽敗,絕。	元始二年,侯輔嗣。
	濟陽[12] 侯憲嗣,建武中以先降梁王,[13]薨,不得代。[14]

宜城戴侯燕倉[15]	
以假稻田使者先發覺左將軍桀等反謀,[16]告大司農敞,[17]侯。侯安削戶六百,定七百戶。[18]	
七月甲子封,六年薨。	
元平元年,[19]刺侯安嗣,四十一年薨。	六世 侯舊嗣,王莽敗,絕。
竟寧元年,釐侯尊嗣,十年薨。	
陽朔二年,煬侯武嗣。	
濟陰 侯級嗣。	

弋陽節侯任宮[20]	商利侯王山壽[29]
以故丞相徵事手捕反者左將軍桀,[21]侯,九百一十五戶。	以丞相少史誘反車騎將軍安入丞相府,[30]侯,九百一十五戶。[31]
七月甲子封,三十三年薨。[22]	七月甲子封,十四年,[32]元康元年,[33]坐爲代郡太守故劾十人罪不直,[34]免。
初元二年,[23]剛侯千秋嗣,三十二年薨。[24]	
河平三年,[25]愿侯惲嗣,二年薨。	
陽朔元年,[26]孝侯岑嗣,二十四年薨。	
元始元年,[27]侯固嗣,更始元年,[28]爲兵所殺。	徐[35]

成安嚴侯郭忠[36]	
以張掖屬國都尉匈奴入寇與戰,[37]斬黎汙王,[38]侯,七百二十四户。	
三年二月癸丑封,七年薨。	
本始三年,[39]愛侯遷嗣,四年薨。[40]	六世 居攝元年,[44]侯每以忠玄孫之子紹封,[45]王莽敗,絕。
元康三年,[41]刻侯賞嗣,四十一年薨。	
陽朔三年,鄓侯長嗣。[42]	
潁川[43] 釐侯萌嗣,薨,亡後。	

平陵侯范朋友[46]	義陽侯傅介子[49]
以校尉擊反氐,[47]後以將軍擊烏桓,[48]獲王,虜首六千二百,侯,與大將軍光定策,益封,凡二千九百二十戶,	以平樂厩監使誅樓蘭王,[50]斬首,侯,七百五十九戶。
四年七月乙巳封,十一年,地節四年,坐謀反誅。	七月乙巳封,十三年,元康元年薨。嗣子有罪,不得代。[51]
	元始四年,侯長以介子曾孫紹封,更始元年,爲兵所殺。
武當	平氏

右孝昭八人。[52] 博六、安陽、宜春、安平、富平、陽平六人在《恩澤外戚》,[53] 桑樂一人隨父,[54] 凡十五人。

[1]【今注】秺:縣名。治所在今山東成武縣西北。 金日磾:傳見本書卷六八。

[2]【今注】駙馬都尉:武官名。皇帝出行時掌副車。秩比二千石。 侍中:加官名。凡列侯及文武官員加侍中即可入禁中,親近皇帝。

[3]【今注】始元二年:朱一新《漢書管見》卷一曰:當作"始元元年九月封",本書卷七《昭紀》載金日磾昭帝始元元年(前86)九月丙子薨。

[4]【今注】賞:王先謙《漢書補注》曰:據本傳作節侯賞。《史記·建元以來侯者年表》"賞"作"弘"。

[5]【今注】元始四年:公元4年。

[6]【今注】建平:縣名。治所在今河南夏邑縣西南。

[7]【今注】諫大夫:官名。漢九卿之一光禄勳屬官。掌顧問應對,參預朝政。 左將軍等反:左將軍上官桀與票騎將軍上官安、御史大夫桑弘羊等謀殺霍光,廢昭帝立燕王劉旦。詳見本書卷六八《霍光傳》。左將軍,武官名。位列上卿。掌領兵征伐及歸附的少數民族。

[8]【今注】太僕:官名。漢九卿之一。掌皇帝輿馬及馬政。

[9]【今注】元鳳元年七月甲子封:朱一新《漢書管見》卷一曰:本書卷七《昭紀》作"十月"。據《紀》及卷六三《燕剌王劉旦傳》,上官桀等誅在九月,則延年等不可能在七月受封。元鳳元年,公元前80年。元鳳,漢昭帝年號(前80—前75)。

[10]【今注】甘露二年:公元前52年。甘露,漢宣帝年號(前53—前50)。

[11]【今注】竟寧元年：公元前 33 年。竟寧，漢元帝年號（前 33）。

[12]【今注】案，建平在沛郡，不在濟陽郡。

[13]【今注】建武：東漢光武帝年號（25—56）。

[14]【顏注】師古曰：梁王，劉永也。

[15]【今注】宜城：縣名。治所在今山東商河縣南。

[16]【今注】假稻田使者：稻田使者爲漢大司農屬官。假爲攝事、代理之意。

[17]【今注】大司農：官名。漢九卿之一。原爲秦朝治粟內史。秩中二千石。掌租稅錢穀鹽鐵和經濟財政。

[18]【今注】案，《史記·建元以來侯者年表》作“以故大將軍幕府軍吏侯”“邑二千户”。

[19]【今注】元平元年：公元前 74 年。元平，漢宣帝年號（前 74）。

[20]【今注】弋陽：縣名。治所在今河南潢川縣西北。

[21]【今注】丞相徵事：官名。丞相屬官。秩比六百石。多以故吏二千石不以臧罪免者爲之。《史記·建元以來侯者年表》作“故上林尉捕格謀反者左將軍上官桀，殺之便門，封爲侯，二千户”。

[22]【今注】案，《史記·建元以來侯者年表》云“後爲太常及行衛尉事。節儉謹信，以壽終”。

[23]【今注】初元二年：公元前 47 年。初元，漢元帝年號（前 48—前 44）。

[24]【今注】案，漢元帝初元二年（前 47）至成帝河平二年（前 27）當爲二十一年。錢大昭《漢書辨疑》卷七曰：字長伯，初元四年爲太常。

[25]【今注】河平三年：公元前 26 年。案，河，大德本、殿本同，蔡琪本作“何”。

[26]【今注】陽朔元年：公元前 24 年。

[27]【今注】元始元年：公元 1 年。

[28]【今注】更始元年：公元 23 年。更始，劉玄年號（23—25）。

[29]【今注】商利：侯國名。馬孟龍《西漢侯國地理》云，在今江蘇泗洪縣東南大徐臺子（第 477 頁）。 王山壽：《史記·建元以來侯者年表》作“王山”。本書卷七《昭紀》作“王壽”。

[30]【今注】丞相少史：官名。丞相屬官，輔佐丞相長史。秩四百石。案，大德本、殿本作“誘反”後有“者”字。

[31]【今注】案，九百一十五户，大德本、殿本同，蔡琪本作“九百二十五户”。

[32]【今注】案，自元鳳元年（前 80）至地節四年（前 66）爲十五年，“四”當爲“五”。

[33]【今注】元康元年：公元前 65 年。元康，漢宣帝年號（前 65—前 62）。

[34]【今注】代郡：治代縣（今河北蔚縣東北）。 案，王先謙《漢書補注》曰：《史記·建元以來侯者年表》作“上書願治民，爲代太守。爲人所上書言，繫獄當死，會赦，出爲庶人”。

[35]【今注】徐：縣名。治所在今江蘇泗洪縣南。

[36]【今注】成安：侯國名。治所在今河南汝州市東南。

[37]【今注】張掖：郡名。治䁌得（今甘肅張掖市西北）。

[38]【今注】黎汙王：匈奴王名。

[39]【今注】本始三年：公元前 71 年。

[40]【今注】案，自本始三年（71）至元康二年（64）爲八年，“四”字誤。

[41]【今注】元康三年：公元前 63 年。

[42]【顏注】師古曰：鄎音梟。【今注】陽朔三年：公元前 22 年。

[43]【今注】穎川：郡名。治陽翟（今河南禹州市）。

[44]【今注】居攝元年：公元 6 年。

[45]【今注】案，大德本、殿本同，蔡琪本無"玄孫"二字。

[46]【今注】平陵：侯國名。治所在今湖北丹江口市西北舊均縣北。　案，朋，蔡琪本、大德本、殿本作"明"。

[47]【今注】氐：古族名。分布在今陝西、甘肅、四川一帶。

[48]【今注】烏桓：古族名。東胡的一支。秦末爲匈奴所敗，退居烏桓山。漢武帝後歸漢，分布於上谷、漁陽、右北平、遼西、遼東五郡塞外。

[49]【今注】義陽：侯國名。治所在今河南義陽市東南。

[50]【今注】平樂厩監：官名。太僕屬官。掌御馬。　樓蘭：西域古國名。都扜泥城（今新疆若羌縣東北羅布泊西岸樓蘭古城遺址）。

[51]【今注】案，《史記·建元以來侯者年表》作"子屬代立，爭財相告，有罪，國除"。

[52]【今注】孝昭：漢昭帝劉弗陵。公元前 87 年至前 74 年在位。紀見本書卷七。

[53]【今注】案，六，大德本同，蔡琪本、殿本作"陸"。博六：博陸侯霍光。傳見本書卷六八。　安陽：安陽侯上官桀。宜春：宜春侯王訢。　安平：安平侯楊敞。　富平：富平侯張安世。　陽平：陽平侯蔡義。

[54]【今注】桑樂：桑樂侯上官安。

長羅壯侯常惠[1]	爰戚靖侯趙長年[9]
以校尉、光祿大夫持節將烏孫兵擊匈奴,[2]獲名王,首虜三萬九千級,侯,[3]二千八百五十户。[4]	以平陵大夫告楚王延壽反,[10]侯,千五百三十户。
本始四年四月癸巳封,[5]二十四年薨。	地節二年四月癸卯封,[11]十七年薨。
初元二年,嚴侯成嗣,十六年薨。	節侯訢嗣。
建始三年,[6]愛侯邯嗣,五年薨。	永始四年,[12]侯牧嗣,四十年,建武四年,以先降梁王,免。
河平四年,侯翕嗣,四十九年,建武四年薨,[7]亡後。	
陳留[8]	

博成侯張章[13]	高昌壯侯董忠[19]
以長安男子先發覺大司馬霍禹等謀反,[14]以告期門董忠,[15]忠以聞,侯,三千九百一十三戶。	以期門受張章言霍禹謀反,告左曹楊惲,[20]侯,再坐法,削戶千一百,定七十九戶。
四年八月乙丑封,九年薨。	八月乙丑封,十九年薨。
五鳳元年,[16]侯建嗣,十二年,建初四年,[17]坐尚陽邑公主與婢姦主旁,[18]數醉罵主,免。	初元二年,煬侯嗣,[21]四十一年,建始元年,[22]坐佞邪,免,二年,復封故國,三年薨。
	元壽元年,[23]侯武嗣,二年,坐父宏前爲佞邪,免。
	建武二年五月己巳,[24]侯永紹封。
淮陽	千乘

平通侯楊惲[25]	都成敬侯金安上[30]
以左曹中郎受董忠等言霍禹等謀,[26] 以告侍中金安上,侯,二千五百户。	以侍中中郎將受楊惲言霍禹等反謀,[31] 傳言上內霍氏禁闥,[32] 侯,千七百七十七户。[33]
八月乙丑封,十年,五鳳二年,[27] 坐爲光禄勳誹謗政治,[28] 免。	八月乙丑封,十一年薨。
	五鳳三年,夷侯常嗣,一年薨,亡後。
	元始元年,侯欽以安上孫紹封,爲王莽誅。
	元始元年,戴侯楊嗣,王莽敗,絶。
博陽[29]	

合陽愛侯梁喜[34]	安遠繆侯鄭吉[39]
以平陽大夫告霍徵史、徵史子家監迴倫、故侍郎鄭尚時謀反,[35]侯,千五百户。	以校尉光禄大年將兵迎日逐王降,[40]又破車師,侯,坐法削户二百,[41]定七百九十户。
元康四年二月壬午封,四十一年薨。[36]	神爵三年四月壬戌封,十一年薨。
建始二年,[37]侯放嗣。	初元元年,侯光嗣,八年,永光三年薨,亡後。
元始五年,侯萌以喜孫紹封,千户,王莽敗,絕。	居攝元年,侯永以吉曾孫紹封,千户,王莽敗,絕。
平原[38]	慎[42]

歸德靖侯先賢撣[43]

以匈奴單于從兄日逐王率衆降，侯，二千二百五十户。

四月戊戌封，二十六年薨。

竟寧元年，煬侯富昌嗣，二年薨。

建始二年，侯諷嗣，五十六年薨。

建武二年，侯襄嗣。

汝南[44]
侯霸嗣，永平十四年，[45]有罪免。

信成侯王定[46]	義陽侯屬溫敦[55]
以匈奴烏桓屠耆鞮單于子左大將軍率衆降,[47]侯,千六百户,後坐弟謀反,削百五户。[48]	以匈奴譸連累單于率衆降,[56]侯,千五百户。[57]
五鳳二年九月癸巳封,[49]十二年薨。	三年二月甲子封,四年,坐子伊細王謀反,削爵爲關内侯,食邑千户。
初元五年,[50]侯漢廣嗣,[51]三年,永光三年薨,亡後。	
元始五年,侯楊以定孫紹封,[52]千户。[53]	
[54]	

右孝宣十一人。[58]陽都、營平、平丘、昌水、陽城、爰氏、扶陽、高平、陽城、博陽、邛成、將陵、建成、西平、平恩、平昌、樂陵、平臺、樂昌、博望、樂成二十一人在《恩澤外戚》，[59]樂平、冠陽、酇、周子南君四人隨父，[60]凡三十六人。

[1]【今注】長羅：侯國名。治所在今河南長垣縣東北。　常惠：傳見本書卷七〇。

[2]【今注】光禄大夫：官名。漢九卿之一光禄勳屬官。掌侍從，備議論。秩比二千石。　持節：使者持節代表皇帝出使、指揮軍隊或處理政務。節，漢代使者所持的信物，以竹爲杆，柄長八尺，上綴飾旄牛尾。　案，本書卷八《宣紀》載，宣帝本始三年（前71）校尉常惠將烏孫兵入匈奴右地，大胜，封列侯。

[3]【今注】案，本書卷七〇《常惠傳》載，常惠此戰獲單于父行及嫂居次，名王騎將以下三萬九千人，得馬牛驢羸橐佗五萬餘匹，羊六十餘萬頭。三萬，蔡琪本、大德本、殿本作"二萬"。

[4]【今注】案，二千八百五十户，大德本、殿本同，蔡琪本作"二千八百三十户"。

[5]【今注】本始四年：公元前70年。

[6]【今注】建始三年：公元前30年。建始，漢成帝年號（前32—前28）。

[7]【今注】建武四年：公元28年。錢大昕《三史拾遺》卷二曰：西漢列侯至光武帝時尚存者，杜延年元孫憲、趙長年孫牧、甘延壽曾孫相、先賢撣孫諷及此五人。王先謙《漢書補注》引蘇興曰：自河平四年（前25）至建武三年（27）共五十二年。

[8]【今注】陳留：郡名。治陳留（今河南開封市東南）。

[9]【今注】爰戚：縣名。治所在今山東單縣。　趙長年：王先謙《漢書補注》曰：《史記·建元以來侯者年表》作"趙成"，

司馬貞《索隱》云"《漢表》作‘趙長平’",是小司馬所見《漢書》本作"平",不作"年"。

[10]【今注】平陵:縣名。治所在今陝西咸陽市西北。　楚王延壽:漢宣帝即位,楚王延壽以爲廣陵王胥爲武帝子,圖謀立爲帝,事敗自殺。

[11]【今注】地節二年:公元前 68 年。

[12]【今注】永始四年:公元前 13 年。永始,漢成帝年號(前 16—前 13)。

[13]【今注】博成:侯國名。在臨淮郡。

[14]【今注】大司馬:官名。漢武帝時改太尉爲大司馬,又冠大將軍之號。授予外戚,位高權重。　霍禹:霍光之子。案,《史記·建元以來侯者年表》載,張章爲長安亭長。失官,至北闕上書,寄宿霍氏第舍,臥馬櫪閒,夜聞養馬奴相與語,言諸霍氏子孫欲謀反狀,因上書告反。本書卷六八《霍光金日磾傳》載,男子張章先發覺,以語期門董忠,忠告在曹楊惲,惲告侍中金安上。惲召見對狀,後章上書以聞。

[15]【今注】期門:官名。漢武帝建元三年(前 138)置,掌執兵出入護衛。

[16]【今注】五鳳元年:公元前 57 年。

[17]【今注】建初四年:公元 79 年。建初,東漢章帝年號(76—83)。案,建初,蔡琪本同,大德本、殿本作"建始"。建始,西漢成帝年號(前 32—前 28)。自五鳳元年(前 57)下推十二年,當初元四年(前 45),至建始四年(前 29),則中間相隔二十八年。或"建始"當作"初元"。

[18]【今注】尚:娶公主爲妻。尚,義爲"奉事",本書卷七二《王吉傳》"漢家列侯尚公主,諸侯則國人承翁主,使男事女,夫詘於婦"。

[19]【今注】高昌:縣名。治所在今山東博興縣西南。

[20]【今注】左曹:加官名。主受尚書事。　楊惲:司馬遷

的外孫。

[21]【今注】案，煬侯嗣，蔡琪本、大德本、殿本作"煬侯宏嗣"。

[22]【今注】建始元年：公元前 32 年。案，建始，蔡琪本、大德本、殿本作"建平"。建平，漢哀帝年號（前 6—前 3）。自初元二年（前 47）下推四十一年，正爲建平元年。

[23]【今注】元壽元年：公元前 2 年。元壽，漢哀帝年號（前 2—前 1）。

[24]【今注】建武二年：公元 26 年。

[25]【今注】平通：侯國名。在博陽縣。

[26]【今注】中郎：官名。漢九卿之一郎中令（光禄勳）所屬郎官。掌宫中護衛、侍從皇帝，秩比六百石。

[27]【今注】五鳳二年：公元前 56 年。五鳳，漢宣帝年號（前 57—前 54）。

[28]【今注】光禄勳：官名。漢武帝時改郎中令爲光禄勳，掌宫殿門户及諸郎官。

[29]【今注】博陽：縣名。治所在今河南項城市西北。

[30]【今注】都成：侯國名。錢大昭《漢書辨疑》卷七認爲，當作"成都侯"（又作"城都""郕都"）。在今山東鄆城縣西北。馬孟龍《西漢侯國地理》以爲成都，誤，其地不詳。

[31]【今注】案，詳見本書卷六八《霍光金日磾傳》。

[32]【今注】上内霍氏禁闥：本書卷六八《霍光金日磾傳》作"安上傳禁門闥，無内霍氏親屬"。上，蔡琪本、大德本、殿本作"止"。禁闥，宫殿門户。代指宫廷。

[33]【今注】案，千七百七十七户，大德本、殿本同，蔡琪本作"一千七百七十七户"。

[34]【今注】合陽：侯國名。在平原郡。

[35]【今注】案，家監迴倫，蔡琪本、大德本、殿本作"信家監迴倫"。以平陽大夫告霍徵史、徵史子信、家監迴倫、故侍郎

鄭尚時謀反案，事在宣帝元康四年（前 62）。

[36]【今注】案，自元康四年（前 62）至建始元年（前 32）爲三十一年，"四"字誤。

[37]【今注】建始二年：公元前 31 年。

[38]【今注】平原：郡名。治平原（今山東平原縣南）。

[39]【今注】安遠：侯國名。在慎縣。馬孟龍《西漢侯國地理》云，在今安徽潁上縣西北江口集（第 491 頁）。

[40]【今注】日逐王：匈奴左賢王之子先賢撣。漢宣帝神爵二年（前 60）降漢。

[41]【今注】案，二百，蔡琪本、大德本、殿本作"三百"。

[42]【今注】慎：縣名。治所在今安徽潁上縣西北。

[43]【顏注】師古曰：撣音纏。【今注】歸德：侯國名。在汝南郡。

[44]【今注】汝南：郡名。治平輿縣（今河南平輿縣北）

[45]【今注】永平十四年：公元 71 年。永平，東漢明帝年號（58—75）。

[46]【今注】信成：侯國名。在細陽縣。錢大昭《漢書辨疑》卷七曰：本書卷九四下《匈奴傳下》"信成"作"新城"，"王定"作"烏厲屈"。

[47]【今注】烏桓屠耆單于：據本書卷九四《匈奴傳》烏厲屈爲呼遫累烏厲温敦之子。　案，匈奴官制有左右大將，"軍"字疑衍。

[48]【顏注】師古曰：耆音莫白反。【今注】案，百五，大德本、殿本同，蔡琪本作"五百"。

[49]【今注】五鳳二年：公元前 56 年。

[50]【今注】初元五年：公元前 44 年。初元，漢元帝年號（前 48—前 44）。

[51]【今注】案，侯漢廣嗣，殿本同，蔡琪本、大德本作"侯廣漢嗣"。

[52]【今注】案，楊，蔡琪本、大德本作"楊"，殿本作"陽"。

[53]【今注】案，千户，大德本、殿本同，蔡琪本作"千"。

[54]【今注】案，蔡琪本、大德本、殿本有"細陽"二字，當據補。細陽，縣名。治所在今安徽太和縣東南。

[55]【今注】屬温敦：本書卷九四下《匈奴傳下》作"烏屬温敦"。

[56]【今注】案，"譁連累"當作"呼邌累"。

[57]【顏注】師古曰：譁與呼同。累音力住反。

[58]【今注】孝宣：漢宣帝劉詢。公元前74年至前48年在位。

[59]【今注】陽都：陽都侯張彭祖。　營平：營平侯趙充國。傳見本書卷六九。　平丘：平丘侯王遷。　昌水：昌水侯田廣明。傳見本書卷九〇。　陽城：陽城侯田延年。傳見本書卷九〇。　爰氏：爰氏侯便樂成。　扶陽：扶陽侯韋賢。傳見本書卷七三。　高平：高平侯魏相。傳見本書卷四。　陽城：陽城侯劉德。　博陽：博陽侯丙吉。傳見本書卷四。　邛成：邛成侯王奉先。　將陵：將陵侯史曾。　建成：建成侯黃霸。　西平：西平侯于定國。傳見本書卷七一。　平恩：平恩侯許廣漢。　平昌：平昌侯王無敵。　樂陵：樂陵侯史高。　平臺：平臺侯史玄。　樂昌：樂昌侯王武。　博望：博望侯許舜。　樂成：樂成侯許延壽。

[60]【今注】樂平：樂平侯霍山。　冠陽：冠陽侯霍雲。　鄑：鄑侯蕭建世。

義成侯甘延壽[1]	馹望忠侯冷廣[4]
以使西域騎都尉討郅支單于斬王以下千五百級,[2] 侯, 四百户, 孫遷益封, 凡二千户。	以濕沃公士告男子馬政謀反, 侯, 千八百户。[5]
竟寧元年四月戊辰封, 九年薨。	鴻嘉元年正月辛丑封,[6] 薨。
陽朔元年, 煬侯建嗣, 十九年薨。	侯何齊嗣, 王莽敗, 絕。
建平二年, 節侯遷嗣, 居攝二年更爲誅郅支侯, 十四年薨。	
建國二年,[3] 侯相嗣, 建武四年, 爲兵所殺。	

延鄉節侯李譚[7]	新山侯稱忠[10]
以尉氏男子捕得反者樊並侯，[8]千戶。	以捕得反者樊並侯，千戶。
永始四年七月己巳封，[9]十三年薨。	十一月乙酉封。
元始元年，侯成嗣，王莽敗，絕。	

童鄉釐侯鍾祖[11]	樓虛侯訾順[12]
以捕得反者樊並侯，千户。	以捕得反者樊並侯，千户。
七月己酉封，薨，亡後。	七月己酉封。
元始五年，侯匡以祖子紹封，王莽敗，絕。	

右孝元一人。^[13]安平、平恩、扶陽三人隨父,^[14]陽平、樂安二人在《恩澤外戚》,^[15]凡六人。孝成五人。^[16]安昌、高陽、安陽、城陽、高陵、定陵、殷紹嘉、宜鄉、氾鄉、博山十人在《恩澤外戚》,^[17]武陽、博陽、贊、騏、龍頟、開陵、樂陵、博望、樂成、安平、平阿、成都、紅陽、曲陽、高平十五人隨父,^[18]凡三十人。^[19]

[1]【今注】義成:縣名。治所在今安徽懷遠縣東北。

[2]【今注】西域騎都尉:本書卷七九《馮奉世傳》作"西域都護"。卷七〇《甘延壽傳》作"使西域都護騎都尉"。

[3]【今注】建國二年:公元 10 年。建國,即始建國,王莽年號(9—13)。

[4]【顏注】師古曰:冷音零。【今注】騊望:侯國名。治所今地無考。

[5]【顏注】師古曰:濕音它合反。【今注】濕沃:縣名。治所在今山東高青縣北。

[6]【今注】鴻嘉元年:公元前 20 年。

[7]【今注】延鄉:縣名。治所在今山東淄博市東北。

[8]【今注】尉氏:縣名。治所在今河南尉氏縣。

[9]【今注】案,朱一新《漢書管見》卷一曰:己巳在己酉後,不當次在前,此"己巳"亦當爲"己酉"。 案,錢大昕《三史拾遺》卷二曰:李譚以下四人俱以捕樊並功封,其餘三人在七月而日期不同。考本書卷一〇《成紀》,事在成帝永始三年(前 14)十一月。此三處"七"當爲"十一"二字誤合,而"四年"亦"三年"之訛。

[10]【今注】新山:侯國名。治所在今山東莒縣東。

[11]【今注】童鄉:侯國名。治所在今山東樂陵市西北。

[12]【今注】樓虛：侯國名。馬孟龍《西漢侯國地理》云，當作"楊虛"。在今山東茌平縣東北（第408頁）。

[13]【今注】孝元：漢元帝劉奭。公元前48年至前33年在位。

[14]【今注】安平：安平侯王舜。　平恩：平恩侯許嘉。扶陽：扶陽侯韋玄成。

[15]【今注】陽平：陽平侯王禁。　樂安：樂安侯匡衡。

[16]【今注】孝成：漢成帝劉驁，公元前32年至前7年在位。

[17]【今注】安昌：安昌侯張禹。　高陽：高陽侯薛宣。安陽：安陽侯王音。　城陽：城陽侯趙臨。　高陵：高陵侯翟方進。　定陵：定陵侯淳于長。　殷紹嘉：殷紹嘉侯孔何齊。　宜鄉：宜鄉侯馮參。　氾鄉：氾鄉侯何武。　博山：博山侯孔光。

[18]【今注】武陽：武陽侯史丹。　博陽：博陽侯丙昌。酇：酇侯蕭喜。　騏：騏侯駒詩。　龍頟：龍頟侯韓共。　開陵：開陵侯成級。　樂陵：樂陵侯史淑。　博望：博望侯許報子。　樂成：樂成侯許恭。　安平：王先謙《漢書補注》引蘇輿説：據上文有"安平"，此處當作"安成"，即王崇。案，安平，大德本同，蔡琪本、殿本作"龍安平"。　平阿：平阿侯王譚。　成都：成都侯王商。　紅陽：紅陽侯王立。　曲陽：曲陽侯王根。　高平：高平侯王逢時。

[19]【顏注】師古曰：頟字或作額。